文化发展战略论坛文集（五）

中共中央宣传部文化体制改革和发展办公室
中　共　深　圳　市　委　宣　传　部　编

廣東省出版集團
广东人民出版社
·广州·

图书在版编目（CIP）数据

文化发展战略论坛文集（五）/中共中央宣传部，中共深圳市委宣传部编. —广州：广东人民出版社，2010.3
ISBN 978-7-218-06624-0

Ⅰ. 文… Ⅱ. ①中…②中 Ⅲ. 文化事业—发展战略—中国—文集 Ⅳ. ①G12—53

中国版本图书馆 CIP 数据核字（2010）第 002257 号

责任编辑	魏书苗
装帧设计	林小玲
责任技编	黎碧霞
出版发行	广东人民出版社 （地址：广州市大沙头四马路 10 号）
印　　刷	广东新华印刷有限公司
开　　本	787 毫米×1092 毫米　1/16
印　　张	6.5
插　　页	1
字　　数	65 千
版　　次	2010 年 3 月第 1 版　2010 年 3 月第 1 次印刷
书　　号	ISBN 978-7-218-06624-0
定　　价	32.00 元

如果发现印装质量问题，影响阅读，请与出版社（020—83795749）联系调换。

【出版社网址：http://www.gdpph.com　购书热线：020—83791487　83790604】

目　录

代序

在第五届文化发展战略论坛上的致辞

（2009 年 5 月 15 日）

中共中央宣传部副部长

焦　利

各位嘉宾，各位同志：

五月的鹏城，风光无限。今天，我们共聚一堂，以“金融危机与文化产业：挑战与机遇”为主题，总结交流文化体制改革和发展的经验，探讨金融危机背景下文化产业发展面临的挑战和机遇。我谨代表中宣部对第五届文化发展战略论坛的召开表示热烈祝贺！对大家的到来表示诚挚的欢迎！

“文化发展战略论坛”由中宣部改革办、广东省委宣传部和深圳市委联合主办，迄今已成功举办五届。从第三届开始，每届论坛均发布权威年度报告，对我国文化体制改革和发展状况、文化贸易状况和文化产业发展状况，分别由中宣部、商务部和国家统计局进行回顾与展望，并邀请在文化体制改革和文化产业发展方面表现突出的优秀文化企业负责人发表演讲，国内著名专家学者进行点评。目前，“文化发展战略论坛”已成为深圳文博会的亮点和品牌。中央政治局委员、中央书记处书记、中宣部部长刘云山同志对办好“文化发展战略论坛”十分关注，并给予厚望，要求我们把它办成“规模和影响最大、层次和水平最高”的权威论坛，以提升深圳文博会的质量和水平。这是对我们的激励与鞭策，为我们进一步办好论坛指出了方向。相信在大家的共同努力下，文化发展战略论坛越办越好，力争每年都要上一个新台阶。

在本届论坛上，中宣部改革办、商务部服务贸易司将分别发布《我国文化体制改革与发展状况年度报告》和《我国文化产品及服务进出口状况年度报告》；上海文广新闻传媒集团、中国电影集团公司、中国对外文化集团公司、二十一世纪出版社、华强文化科技集团、拓维信息系统股份有限公司等文化企业负责人将结合行业特点和各自实际，就如何应对危机加快发展作演讲；清华大学、北京大学、中国传媒大学、出版科学研究所等高等院校和研究机构的专家学者将做点评。大家围绕国际金融危机背景下文化产业逆势而上这个主题，深入思考我国文化产业发展面临的挑战和机遇，研究探讨我国文化产业实现跨越式发展的有效途径，共同谋划我国文化产业逆势增长的对策措施，具有很强的现实性、针对性和可操作性。

去年以来，由次贷危机引发的国际金融危机从局部发展到全球，从发达国家传导到新兴市场国家和发展中国家，从金融领域逐步扩散到实体经济，酿成了一场历史罕见、冲击力强、涉及范围广的国际金融危机。这场国际金融危机不仅对我国经济社会发展带来冲击，也对我国文化产业发展产生了直接影响。部分中小文化企业经营出现困难，文化产品和服务出口贸易减少。但我们也要看到，困难中孕育着希望，挑战中蕴含着机遇。文化产业具有反周期调节的特征。回顾近代国际国内的经济发展史，每当经济困难的时候，社会的精神文化需求就更加旺盛，文化作为一种凝聚力、生产力、创造力的特殊优势就更加彰显，文化发展的步伐就更加快速。越是在发展出现困难的时候，人们越需要用文化来提振精神、抚慰心灵、凝聚力量；越是在物质消费疲软的时候，一些大众文化产品及服务越会成为新的消费热点。充分发挥文化产业资源丰富、物质消耗低、附加值高、影响力大的优势，对于加快我国经济结构调整、培育新的经济增长点具有十分重要的意义。

中央高度重视金融危机下发展文化产业的特殊性，中央领导同志多次作出重要批示，提出要让文化产业成为当前新的经济增长点，抓住发展机遇，实现文化产业跨越式发展。根据中央的要求，中宣部会同有关部门研究制定了《文化产业振兴规划》，结合当前应对国际金融危机的新形势和文化领域改革发展的迫切需要，对加快文化产业发展提出了明确的要求，规划了近期目标、重点任务和政策措施。中央为保持我国经济持续快速发展采取一系列政策措施，为文化产业发展提供了更大的空间。我们相信，只要思想统一、目标明确、措施有力，就一定能够做到化危为机，加快推动我国文化产业的逆势增长，为“保增长、扩内需、调结构、惠民生”做出贡献。

加快文化产业发展，关键是要坚定不移地深化文化体制改革，改革是加快文化产业发展的必由之路。只有不断深化文化体制改革，进一步解放和发展文化生产力，激发文化创造活力，才能营造推动社会主义文化大发展大繁荣的体制机制环境。现在文化体制改革工作的路线图和时间表已经明确，推进改革的政策措施更加具体和完善。中央领导同志和中央宣传部门的主要负责同志正在对各地文化体制改革工作进行督查，中央各部门各单位出版社体制改革工作也已经启动，深化文艺院团改革的指导性意见也将要出台。文化体制改革工作正在积极稳妥地有序展开，改革的成效发挥了很好的示范作用，进一步增强了推进改革和加快发展的信心。

总的来讲，文化产业的发展既面临着巨大的挑战，也面临难得的机遇。国际金融危机进一步凸显了文化的特殊优势和功能。我们要高度关注国际金融危机和国内经济形势的发展变化，深入研究文化产业发展的内在规律，趋利避害，积极应对，牢牢掌握主动权，采取有力的政策措施，加快我国文化产业发展，为促进文化大发展大繁荣做出新贡献。

祝论坛圆满成功！谢谢大家！

在第五届文化发展战略论坛上的致辞

（2009 年 5 月 15 日）

中共广东省委宣传部副部长、省文改办主任

赖　斌

各位领导、各位专家，同志们、朋友们：

鹏城五月春意浓，麒麟山庄群贤聚。值此第五届“文化发展战略论坛”隆重举行之际，我谨代表中共广东省委宣传部，向出席本次论坛的中宣部、文化部、国家广电总局、新闻出版总署等中央有关部门的领导，各兄弟省市的领导，各位专家学者表示热烈欢迎并致以诚挚的问候。

“文化发展战略论坛”已举办了四届。在论坛中，与会的领导和专家从战略和时代的高度，阐述了对深化文化体制改革，加快文化事业、文化产业发展的最新思考和精辟见解，论坛的思想成果已逐步转化为促进我国文化领域改革创新，推动社会主义文化大发展大繁荣的实践成果。特别是有力地推动了广东文化体制改革和文化事业、文化产业的繁荣发展。

当前，国际金融危机仍继续蔓延，对实体经济影响日益加深，我国宏观经济增长有所放缓。在此严峻形势下，全国各地深入贯彻落实科学发展观，化危为机，迎难而上，加快推动文化产业逆势上扬，成为经济寒流中新的增长级。我相信，以“金融危机与文化产业：挑战与机遇”为主题的第五届论坛，必将对我们进一步解放思想，转变观念，充分利用文化与经济发展的反周期现象，围绕保持经济平稳较快发展的大局，趁势而上，做大做强“文化引擎”，使文化产业成为经济复苏的新动力作出应有的贡献。

近年来，广东全面贯彻落实党的十七大和全国文化体制改革工作会议精神，加大力度推进文化体制改革，着力解决制约文化产业发展的深层次矛盾和体制性障碍，极大地激发了文化产业发展的生机和活力。全省文化产业蓬勃发展，年年迈上新的台阶。据统计，2004 年至 2007 年，广东文化产业年均增长超过 14%，占全省 GDP 的比重年均达到 6.3%，对 GDP 增长的贡献率年均达到 7.0%，文化产业增加值、从业人数、年营业收入均位居全国前列，已经成为我省新的支柱产业。目前，全省拥有一批具有较强实力和竞争力的产业主体，形成了包括新闻服务业、出版发行和版权服务业、广电服务业、文化艺术服务业、娱乐业、会展业、广告业、旅游业、电子信息业、文化产品和设备制造业等比较齐全的文化产业体系，以公有制为主体，多种所有制共同发展的格局基本形成。尤其是去年以来，在国际金融危机导致的严峻经济形势下，广东文化产业逆势增长，增幅仍然超过两位数，高于全省 GDP 的增长率，对我省保持经济平稳较快发展做出了较大贡献。

当前，面对严峻的经济形势，我省各级正深入学习实践科学发展观，进一步深化文化体制改革，大力推动文化产业发展，全面提升广东文化的软实力。国务院《珠江三角洲地区改革发展规划纲要（2008－2020）》对珠江三角洲地区推进文化领域改革创新，加快文化产业发展提出了明确的目标。广东省委、省政府作出了建设现代产业体系，加快发展文化创意产业，提升广东文化软实力的重大战略部署。我省文化领域改革发展面临着新的课题和更高要求。因此，这次以“金融危机与文化产业：挑战与机遇”为主题的第五届“文化发展战略论坛”，对广东来说可谓是“及时雨”。本次论坛各位专家学者将发表精辟的论点和见解，为我们提供一个极为宝贵的学习交流机会。我相信，本次论坛必将取得丰硕的思想成果。衷心希望中央各部委、各兄弟省市的领导和专家们对广东文化体制改革和文化发展工作多支持、多指导，多出点子、多提宝贵意见。广东将以此为契机，认真学习借鉴兄弟省（区、市）的先进经验，努力抓住机遇，按照中央的部署要求，加大力度，加快进度，全面深化文化体制改革，促进文化产业加快发展，为2010年全面完成各项改革任务奠定坚实的基础，为推动我省经济平稳较快发展，促进文化大发展大繁荣，提升广东文化软实力作出不懈努力。

祝第五届“文化发展战略论坛”取得圆满成功！

谢谢大家！

第一部分

专题报告

我国文化体制改革和发展年度报告（2009）

中共中央宣传部文化体制改革和发展办公室

一、当前文化体制改革的总体态势

根据中央的统一部署，文化体制改革有条不紊地正在全国范围内展开。自去年下半年以来，文化体制改革呈现全面提速的特点。

（一）文化体制改革的时间表已明确

2003年6月，按照党的十六大精神，中央召开了专门会议，研究部署全国文化体制改革试点工作，确定了9个试点地区和35家试点单位进行试点①。这标志着文化体制改革拉开了序幕。在认真总结文化体制改革试点经验的基础上，2005

① 9个试点地区包括：2个省（广东省和浙江省）、3个直辖市（北京市、上海市和重庆市）、3个副省级城市（深圳市、沈阳市和西安市）和1个省辖市（云南省丽江市）。

年 12 月，中共中央、国务院提出了《关于深化文化体制改革的若干意见》，用于指导全国文化体制改革；2006 年 3 月，中央在北京召开全国文化体制改革工作会议，对文化体制改革由试点转向全面推开进行全面部署，全国除新疆、西藏外，其余 29 个省（区、市）确定了部分城市和文化单位开展改革试点。这标志着文化体制改革在面上推开、向纵深发展。2008 年 4 月，全国文化体制改革工作会议提出，改革既有明确的路线图，又有具体的时间表，已进入破解深层次矛盾和问题的攻坚阶段。

根据文化体制改革的任务要求和进程，中央适时提出了文化体制改革的时间表：2010 年底以前，2003 年确定的 9 个试点地区要全面完成改革试点任务，2006 年新开展文化体制改革的地区要完成试点任务并在面上推开；2011 年底以前，所有国有经营性文化事业单位基本完成转制任务。

（二）加强文化体制改革的督查

根据中央关于文化体制改革要加大力度、加快进度、取得实质性进展的要求，中央领导同志和中央文化体制改革工作领导小组于 2009 年 3 月至 6 月期间，对全国除新疆、西藏外的 29 个省（区、市）文化体制改革工作进行了督查。督查组围绕进一步加大改革力度、加快工作进度，确保如期完成各项改革试点任务，同各省（区、市）领导进行了专门沟通，并根据各地文化体制改革进展情况提出了具体指导意见，对推动文化体制改革向纵深发展发挥了重要作用。

（三）文化体制改革的配套政策更加完善

完善的配套政策，是推动文化体制改革的重要杠杆和有力保障。2003 年底，国务院办公厅转发了由中宣部牵头、中央和国务院相关职能部门参与制定的《关于文化体制改革试点中支持文化产业发展的规定》和《关于文化体制改革试点中支持经营性文化事业单位转制为企业的规定》。这两个规定从资产处置和管理、财政税收、投资融资、收入分配、社会保障、人员分流安置、工商管理、价格等多个方面对文化体制改革中涉及的重点问题做出了具体政策规定，对于推动经营性文化事业单位转制、促进文化产业发展发挥了不可替代的重要作用，成为具有里程碑意义的配套政策。上述两个规定的执行期限为2004年1月1日至2008年12月31日。

为推动文化体制改革在面上推开、向纵深发展，2008年上半年，中宣部牵头会同有关部门对上述两个规定的执行状况进行了认真评估，并结合文化体制改革的实际和国家法律法规的修订，对上述两个规定进行了修订和延续，形成了《关于文化体制改革中支持经营性文化事业单位转制为企业的规定》和《关于文化体制改革中支持文化企业发展的规定》。2008年10月，国务院办公厅转发了这两个规定，使之成为文化体制改革新的配套政策，执行期限为2009年1月1日至2013年12月31日。

同2003年的配套政策相比，2008年新的配套政策更突出针对性和可操作性。因为新的配套政策是在文化体制改革已进行五年多的情况下修改和完善的，一方面文化体制改革过程中遇到的难点问题已充分凸显，另一方面试点地区和单位为解决这些难点问题积极探索积累了宝贵经验，新的配套政策紧紧抓住改革中的难点问题，将改革实践中创造的经验加以升华，同时借鉴了其他领域改革行之有效的政策，使其针对性和操作性都很强。在推动改革的过程中，一旦遇到了难点问题，都可以从新的配套政策中找到相应的政策依据。

除上述配套政策外，为推动文化体制专项改革，国家出台了相应的配套政策。比如，配合中央各部门各单位所属出版社体制改革，国务院相关职能部门会同北京市人民政府就中央各部门各单位所属出版社转制后养老保险的移交和衔接提出专项政策。此外，各地在推动文化体制改革过程中，也相继出台了适合本地实际的更加优惠的政策。

（四）指导文化体制专项改革的意见陆续出台

2005 年 12 月发布的《中共中央、国务院关于深化文化体制改革的若干意见》，是文化体制改革的指导性文件。为全面贯彻落实中央关于文化体制改革的决策部署，党中央和国务院及其职能部门结合文化体制改革的进程和需要，近期相继出台了文化体制专项改革的指导意见。已经出台的指导意见包括，文化市场综合执法改革意见、中央各部门各单位所属出版社体制改革意见、促进文化产品和服务出口的指导意见、进一步推进新闻出版体制改革的指导意见等；正在制定或即将出台的指导意见包括，深化国有文艺演出院团体制改革的意见、推动电台电视台制播分离改革意见、中央和中央各部门各单位报刊分类及报刊出版单位改革意见等。

（五）文化体制改革的激励与约束机制更加具体

经过几年的改革实践探索，有利于推动文化体制改革的激励与约束机制正在形成，并随着改革的不断深入而逐步完善、更加具体。

自文化体制改革试点起，中央就鲜明地提出“早改早受益”的政策导向，并通过落实各项财税优惠政策予以体现。2004 年至 2008 年的 5 年间，全国共有 2000 多家转制文化企业享受减免税优惠政策，仅企业所得税免税额就达 87.78 亿元。由于文化体制改革的配套政策只规定了执行期限，转制越早、享受减免税的期限越长，因而引导国有经营性文化事业单位尽早转制为企业。

谁改革支持谁，也是在文化体制改革中逐步形成的激励政策。2008 年，中央财政从文化产业发展专项资金中拨付了 2 亿元专项资金，资助中央和地方 7 家转制文化企业的文化产业发展项目。随着文化产业发展专项资金规模的扩大，中央财政用于奖励优秀转制文化企业的力度也会加大。

除物质奖励，文化体制改革还十分重视精神激励。2008 年 4 月，在全国文化体制改革工作会议上，中宣部等部门表彰了 33 家文化体制改革优秀企业。在即将召开的全国文化体制改革经验交流会上，中宣部等部门要对文化体制改革的先进地区和先进企业予以表彰。同时，凡是在文化体制改革中做出突出成绩的，中央主要新闻媒体都给予重点宣传，在全社会逐步形成有利于推动文化体制改革的良好舆论氛围。

在加大激励的同时，文化体制改革逐步完善了约束机制。最大的约束莫过于建立退出机制。中央关于深化中央各部门各单位所属出版社体制改革意见明确规定，对不具备市场准入条件的出版社，允许其在做好资产财务清算和人员安置的前提下停办退出。国家广电总局已经明确提出，地方所属电影制片厂在 2009 年底前尚未完成转制任务的，将视为自动退出，年审时不再核发电影拍摄许可证。即将出台的报刊改革意见中，也专门就不符合改革要求、不具备市场生存条件的报刊退出问题作出政策规定。

对国有经营性文化事业单位转制“不可逆”、不能走“回头路”提出具体标准，也是建立文化体制改革约束机制的重要内容。凡列为转制范围的，转制是否完成，一要看是否完成企业法人工商登记，二要看是否核销事业编制和注销事业法人，三要看是否同职工签订劳动合同，并按企业办法参加社会保险。国有经营性文化事业单位依据上述标准规范转制。

二、文化产业发展的趋势分析

我国文化产业发展方兴未艾。推动文化体制改革和文化产业发展，实质上是一项旨在夯实宣传文化事业发展经济基础的系统工程。经过这几年的文化体制改革实践，不仅形成了一批市场主体，为文化产业发展奠定了微观基础，更重要的是使从中央到地方的政府及职能部门看到了文化产业发展对调整产业结构、促进国民经济又好又快发展的美好前景，奠定了把文化产业发展纳入国民经济和社会发展总体规划的认识基础。

要加快发展文化产业，特别需要准确把握文化产业的发展趋势，以便在宏观上做好布局规划，并采取切实措施加强调控引导；在微观上则要顺应未来趋势，将本地区和本单位的文化产业发展思路，放在文化产业发展的宏观大格局中去谋划、去实施。当前，我国文化产业发展呈现以下趋势。

（一）文化资源调整和整合的趋势越来越明显

我国文化资源配置具有明显的行政化特征，即按照行政区划、行政级次及部门分配文化资源。比如，全国共有579家图书出版社，分布于中央部委、各省（区市）、副省级城市和军队、高等院校、科研学术机构等。而按行政区划设置的图书出版社，在出版品种、范围等方面也是雷同，如科技、少儿、文艺、教育等。文艺院团的设置也基本相同，除了戏曲尚存在地域性，其他如杂技、歌舞、话剧等，至少在中央和省（区市）两级的设置上都雷同，尤其在省会城市，省属和市属文艺院团重合设置。

文化资源的行政化配置体制，不仅同社会主义市场经济体制不相适应，而且制约了文化产业发展，突出表现在两个方面：一是造成地区封锁。文化资源按行政化方式配置，最直接的后果就是同构化，业务范围、经营模式等几乎一模一样。为保护本地区所属文化单位的利益，不惜采取行政化等多种手段，画地为牢，极力限制其他地区文化单位进入本地市场。二是导致产业集中度低。文化资源的行政化配置，必然造成资源分散，经营性文化单位的数量众多，但规模很小。

打破文化资源配置的行政化体制，这是文化体制改革的必然要求，也是加快文化产业发展的内在要求。当前，市场或资本的力量正在冲破这种体制羁绊，我国已进入文化资源大调整和大整合的时期。这是不以人的意志为转移的。

首先，先行改革的经营性文化单位具有强烈的扩张欲望和实力。出版发行体制改革走在了文化体制改革的前列，大多数地方所属出版社已组建集团公司，并开始突破按行政区划及行政级次配置出版发行资源。江西和吉林两省出版集团公司已分别重组了中国和平出版社和中华工商联合出版社，突破了出版资源按行政级次分配格局；江苏新华发行集团公司控股海南省新华书店集团公司，打破了图书发行资源按行政区划配置的格局。此外，辽宁和安徽两省的出版集团公司已成功上市，作为上市公司更具有突破地域限制、迅速扩大经营规模的内在冲动和融资平台。

其次，文化系统以外的国有资本投资于文化产业的愿望十分强烈，并开始谨慎探索和尝试。文化产业刚刚兴起，加上文化系统相对封闭，系统以外的国有及国有控股企业虽然钟情于文化产业中的垄断资源，但考虑到产业准入及政策限制和不够透明等因素，在投资于文化产业方面较为谨慎。尽管如此，一些国有及国有控股企业仍然选择意识形态属性不强的领域开始投资。

再次，非公有资本包括民营资本和外资投资于文化产业的欲望强烈。资本的本性是追逐利润的，特别是文化产业中存在的垄断资源，对非公有资本具有巨大的吸引力。在图书发行领域，民营资本已经全面进入，经过多年的探索和积累，民营发行企业的经营规模已很大，个别规模较大、实力较强的民营发行企业，不仅获得了图书的全国总发行权，而且逐步向上游的出版环节渗透。相对于民营资本而言，外资对我传媒业的投资欲望更为强烈，并同国内多家报业集团谋求资本合作。此外，随着产业投资基金等金融工具的出现，一些产业投资基金已进入文化产业领域，并选择某个行业（如图书发行）的龙头企业进行投资。

文化资源的调整和整合已是大势所趋。在这一调整和整合时期，对于经营性文化单位来说，最后的结局存在三种可能：一是加快改革，在体制上占据优势，并主动出击战略重组其他地区和单位的资源；二是等待观望，甚至谋求地方政府及主管部门采取行政手段给予保护，但最终逃脱不了被重组或整合的命运；三是按兵不动，采取守势，坐失重组或被重组的机遇，最终成为文化资源调整和整合中的“被遗忘者”。

（二）文化行业界限越来越模糊

文化行业习惯上被分为文化艺术、广播影视和新闻出版三个部分。历史地看，这种行业分类有其合理性。但是，随着科学技术的迅猛发展和广泛运用，文化传播技术和手段日益多样化，文化业态不断更新，行业界限越来越模糊，出现了产业融合的趋势。

在文化传播技术日新月异的条件下，文化产业的微观主体在组织形态上存在两个极端的趋势：要么向综合类发展，要么向专门化发展。经营实力较强的文化企业通过跨行业战略重组及并购，逐渐演变为跨行业、跨媒体的综合性文化集团公司，成为文化产业的旗舰，引领文化产业发展；而规模较小的文化企业，则会在专和精上下工夫，细分文化市场，不搞小而全。

文化市场主体无论是走向综合类，还是转向专门化，都会追求低成本扩张与发展，在文化内容生产上实行“一次开发、多次使用”，以规模化实现利益最大化。而要实现规模化生产，在当今科技条件下，就不能只盯住一种媒介或传播方式。比如，以提供财经资讯为主业的传媒公司，在为报纸和期刊等平面媒体提供内容的同时，也可以为电台电视台、互联网、手机等移动终端提供多样化的内容。反过来说，如果把报刊和电台电视台的财经类内容生产资源整合在一起，就可以形成跨媒体的专业类媒体公司。

在当今科技条件下，文化传播力最强的媒介是电视。电影业的下滑，在某种程度上讲是因为电视的普及；而电影业的复苏，在一定意义上又是电视的助推，因为出现了电视电影这种新形态。2008 年，全国的故事片产量为 406 部，而专供电视播映的数字电影产量则为 107 部，相当于供影院放映的故事片产量的 1/4。全年影院票房收入为 43.41 亿元，而电影频道播放电影带来的广告收入则为 15.64 亿元。此外，随着手机电视技术的成熟与普及，手机电影具有广阔的市场前景。近几年，电视对出版产业的拉动作用日益凸现，动画片的热播带动少儿图书的畅销已不再是个案，借助电视传播可带动图书的热销与长销。就连戏曲这一被认为观众群很小的古老艺术形式，由于搭载上了电视媒介而焕发了活力。

随着广播电视传输网络的整合与发展，无论是有线电视，还是移动电视，都将成为整合文化内容生产的重要平台。以有线电视为例。我国目前有 1.64 亿有线电视用户，其中数字电视用户已达 4527.86 万户。有线电视从模拟转向数字后，传输电视节目的容量增大、清晰度提高。特别是随着“高性能宽带信息网（3TNet)”技术的成熟并应用于有线电视网络（业内称之为“下一代广播电视网”，简称 NGB)，电视机将成为集成文化资源的终端机。电视机不仅仅能够满足观看高清晰电视节目和电影的需要，而且可以成为数字图书馆的终端，市民足不出户就可以浏览或借阅公共图书馆的藏书，还可以在电视上阅读报刊，甚至通过高清频道收看高水平的舞台表演，同时还可能出现互联网的新形态——电视互联网，即通过电视机就能实现宽带上网。广播电视传输网络的技术优势，必将引起文化生产方式的革命。不久的将来，文化产业将涌现出众多的为多种媒介提供文化产品的文化内容集成商，这类文化企业将不易被归并到目前的某一行业，而必然是跨行业、跨媒体的。到那时，我国就会出现类似于新闻集团、贝塔斯曼、维亚康姆等国际传媒巨头的综合类文化企业集团。

（三）文化与科技的融合步伐越来越快

世界文明史表明，文化的传承和传播，离不开科技进步，每一次科技革命都会引起文化生产方式的深刻变革、文化生产力的空前发展。在科技发展日新月异、传播技术迅猛发展的当今世界，文化与科技的融合已成为不可阻挡的潮流，文化产业的发展离不开科技的支撑。

文化与科技的融合，一是催生了新的文化业态。比如，随着数字技术和网络技术的广泛应用，动漫和网络游戏迅速兴起，并成为新兴的文化产业。二是创造出文化传播的新渠道。比如，随着信息技术的广泛应用，继互联网之后，手机、公共和私人交通工具等移动终端成为文化传播的新载体。三是改造了传统文化产业。比如，随着数码技术的广泛应用，出现了按需印刷的新工艺，使图书印刷不再经过制版环节，而是根据读者需要定制印刷，赋予图书出版“编印发”新的内涵。四是促进了文化产业升级。比如，随着二维码技术的广泛应用，产生了新的出版物种，即 MPR，诞生了“会说话”的图书，扩大了纸质媒介的生存空间。

文化产业是科技应用最广泛、科技创新最活跃的产业之一。科技对文化产业的支撑，体现在文化产业的各个环节。第一，文化产业发展离不开共性技术，包括语言文字、声音、图形图像处理技术，以及版权保护、检索等专项技术。特别是在数字化、网络化的新形势下，汉字处理技术如字体字库、汉字输入和存储，已成为不可或缺的基础技术。第二，文化产品生产的各个环节依赖技术支撑，包括书、报、刊、音像及电子等各类出版物的生产，广播电视节目的生产，美术及动漫和网络游戏的生产，电影从制片到放映，甚至传统的舞台艺术表演也要借助于声、光、电等现代科技手段增强感染力、吸引力。第三，文化传播对科技的依赖更直接，包括传播的渠道、方式和手段等方面。当今世界，构建覆盖广泛、传输快捷、互联互通的文化传播体系，更需要广泛应用高新科技。比如，广播电视节目传输主要依靠地面无线、卫星、光缆、微波等技术手段，各种技术手段相互补充。此外，文化产业“渠道”中的其他方面，如出版物发行、电影院线和演出剧场连锁等，也是科技应用的重点领域。第四，文化资源的开发、储存以及文化遗产的保护，随着文化产业的快速发展，必然广泛采用更多的技术手段。比如，出版数字化依赖的数据库、动漫和网络游戏依赖的素材库、文化内容的跨媒体应用等，都需要技术的强力支撑。文化遗产的保护更需要多种技术的综合应用，如数字摄影、卫星定位等技术应用。第五，文化传承离不开材料技术。比如承载文字的印刷用纸，随着生态文明的普及，环保纸等应运而生；随着电子纸的出现，文化载体更趋多样化。此外，文化服务、改造传统文化产业都需要科技的支撑。

（四）文化产业与制造业等相关产业的关联度越来越高

文化产业中的“内容生产”，同信息产业具有较强的关联度，大家对此比较容易理解。无论是互联网、手机，还是多媒体电子产品，都需要海量的文化内容予以支撑，特别是随着音频、视频技术的快速发展，信息产业对文化产品的需求量呈几何级数增长，文化产品生产甚至会成为制约信息产业发展的主要“瓶颈”。

文化产业与旅游产业的关联度，近年来已被广泛关注。除在旅游地举办大型演艺活动、极大地拓展旅游内涵外，在国外盛行的“深度旅游”，不久将成为国内旅游业发展的趋势，文化寻根、文化展示、文化熏陶等将会进一步增强旅游的吸收力和感染力。与此同时，旅游纪念品的开发与升级，主要依赖于挖掘及赋予文化内涵。旅游产业与文化产业的关联度，直接决定旅游的深度和广度。

文化产业与制造业的关联度，已在建筑装饰业显露端倪。比如，广东省佛山市将陶瓷文化创意与文化瓷砖生产有机结合，大大提高了建筑装饰材料的附加值，也为居室装修个性化创造了条件。按照这一思路，如果将皖南民居中的石雕、砖雕、木雕等建筑艺术，同建筑装饰材料结合起来，既可以提升建筑业的品位，又可以传承和创新中国建筑文化。制造业的升级换代，为文化创意提供了前景广阔的展示空间；离开了制造业，文化创意产业将失去可持续发展的源泉。文化载体的广泛性和开放性，决定文化产业与制造业的关联度越来越高。提高制造业产品科技含量的理念已经深入人心，提高制造业产品的文化含量及附加值的理念也会逐渐被接受。

我国文化产品及服务进出口状况年度报告

商务部服务贸易司司长

胡景岩

当今世界文化贸易已经成为提升各国软实力的重要战略措施，近年来欧盟就提出了文化经济的概念，来借此推动欧洲经济发展。当前，我国发展文化产业应当与扩大文化贸易进行有机地结合，通过文化产品和服务的出口来提升中华文化在世界的影响。

一、我国文化贸易的差距

我国在全球文化贸易中的地位依然大大落后于发达国家。比如，美国在国际文化市场上的份额高达 42.6%，而中国只占 1.5%；2008 年美国电影的海外票房收入就有 183 亿美元（全球票房总收入 280 亿美元），而中国仅 3.6 亿美元。

在美国，文化娱乐的视听产品已经成为仅次于航空航天的主要换汇产品，居出口贸易第二位；在英国也已成为仅次于金融业的全国第二大产业，而据统计，到2010年，日本的音像产品出口将占日本总出口的10%。电影《哈里·波特》的品牌价值已经达到了150亿美元，带动了全球相关产业的经济规模预计将超过千亿美元。

二、文化贸易的反周期现象

金融危机的爆发，对全球文化产业造成了很大的影响。在危机爆发初期，文化产业和文化贸易受到的负面影响较大。比如一些世界一流文艺团体和文化节庆活动因为赞助减少而不得不宣布破产或停演。但随着危机的发展，文化产业和文化贸易却呈现出了逆市增长的势头。历次萧条时期，往往是文化产业的繁荣期。作为娱乐工具的百老汇和好莱坞，到了危机时刻，却能散发出文化、艺术独特的魅力，抚慰心灵、振奋精神，甚至成为新的经济增长点。而在今天的百老汇和伦敦西区，同样能找到80年前的影子。接替《指环王》上演的音乐剧《雾都孤儿》从2008年12月上演至今，几乎场场爆满，一票难求。这种反周期现象，在中国的文化出口中同样可以得到印证。中国对外文化集团公司推出的杂技《中国风》从2009年1月开始，在国外主流市场巡演，获得巨大成功。即将巡演城市的票房预售情况也十分喜人。上海城市舞蹈有限公司的杂技芭蕾《天鹅湖》在欧洲巡演期间，只有2008年9、10月两个月出现了观众减少的情况，11月之后又是场场爆满。

三、中国文化贸易发展势头良好

面对全球性的金融危机，我国目前的文化贸易已呈现出了良好的发展势头，具体表现为以下几个特点：

一是核心文化产品的进出口规模稳步扩大。2008 年，我国核心文化产品进出口总额 158.4 亿美元，比上年同期增长 22.6％。2008 年，我国核心文化产品出口稳定增长，进口有所下降；视听媒介出口增长最快，进口有所下降；加工贸易出口增长，进口下降；集体、私营及其他企业出口增长最快；美国为我国第一大核心文化产品进出口来源地；广东省进出口快速增长，出口稳居第一。

二是文化服务进出口继续增长。在跨境文化服务贸易方面，2008 年实现文化服务进出口 48.16 亿美元，同比增长 29.5％，增幅回落 10.4 个百分点。

三是形成了一大批出口品牌。商务部、文化部、广电总局、新闻出版总署共同组织评定了 2007 年至 2008 年国家文化出口重点企业和重点项目目录，共有 142 家文化出口重点企业和 118 个重点项目列入目录。

四、我国扩大文化出口采取的措施

一方面是进一步加大政策扶持力度；另一方面是要建立全面规范的文化贸易统计制度，进一步打造有竞争力的品牌文化企业。尽管中国文化出口取得了较快发展，但与发达国家相比还存在巨大差距。中国文化出口在国际市场上的地位与中国排名世界第二的货物贸易大国的地位极不相符。在大力发展对外文化交流的同时，党中央高度重视文化贸易的发展。特别是十七大提出推动社会主义文化大发展大繁荣后，商务部与各有关部门机密合作，积极采取措施促进文化走出去。

一是加大政策扶持力度。落实党中央、国务院关于支持文化出口的政策措施，2008 年，商务部服务贸易司与中国出口信用保险公司签订了《支持服务贸易发展全面合作协议》，出口信保公司专门设计了“电影完工险”对影视业海外发展提供支持。

2009 年，商务部与文化部、广电总局、新闻出版总署、进出口银行出台了《关于金融支持文化出口的指导意见》，按照“各部门组织推荐，进出口银行独立审贷”的原则，共同搭建文化、金融合作平台，以支持文化企业和项目“走出去”为重点，将支持文化企业“走出去”与引进来相结合，全面支持文化贸易发展。

2009 年 3 月，财政部、海关总署和税务总局部门出台了《关于支持文化企业发展若干税收政策问题的通知》，包含支持文化出口的扶持政策。例如：出口图书、报纸、期刊、音像制品、电子出版物、电影和电视完成片按规定享受增值税出口退税政策，文化企业在境外商业演出从境外取得的收入免征营业税。

商务部还会同相关部门支持孔子学院、广电落地等文化走出去项目。

二是建立文化贸易统计制度。商务部深入调研，充分利用已有的服务贸易和货物贸易统计渠道，在国内建立了全口径文化出口统计体系，每月定期编发《文化贸易统计快报》，得到了中央领导的肯定。商务部将继续加强与相关部门的协调配合，进一步完善文化贸易统计制度，把统计工作做深做细，逐步做到重要数据定期发布。

三是打造有品牌有竞争力的文化企业。企业是文化出口的主体，品牌是文化出口的价值体现。2007 年，商务部会同外交、文化、广电、新闻等六部门制订了《文化产品和服务出口指导目录》，各部门、各地区依据有关规定在市场开拓、技术创新、海关通关等方面创造条件予以支持。共同组织评定了 2007—2008 年国家文化出口重点企业和重点项目目录，共有 142 家文化出口重点企业和 118 个重点项目列入目录。近期，商务部、文化部、广电总局、新闻出版总署将请各省市推荐 2009—2010 年国家文化出口重点企业和重点项目，并根据实际情况对《文化产品和服务出口指导目录》进行修订。对于重点企业和重点项目，有关部门将采取更加有力的支持措施，着力解决在出口环节上遇到的突出问题。

四是办好深圳文博会。商务部于 2007 年初开始参与主办中国（深圳）国际文化产业博览交易会（简称“文博会”），并于 2008 年牵头主办了第四届文博会。我部把提升文博会国际化水平作为工作重点，加大海外宣传推介力度，通过驻外经商机构大力邀请海外专业客商参展参会。同时，我部还充分发挥驻外经商机构作用，协助做好文博会美国分会和马来西亚分会的有关工作。

五是加强文化出口促进体系建设。中国的货物出口在全球已形成网络，我部积极创造条件，借助货物贸易的营销体系进行中华文化的宣传和推广，同时利用中华文化的影响和吸引力带动中国产品出口。借助“中国服务贸易指南网”介绍我国文化产品和服务出口信息；积极了解文化出口企业在开拓国际市场中遇到的实际问题，帮助企业突破市场准入壁垒，扩大中国文化出口。

六是深入开展课题研究。为制定针对性强的扶持政策和促进措施，我部开展了《中国文化出口对策研究》，全面评估中国文化出口市场的整体状况，剖析我国文化出口的发展瓶颈；开展了《加快文化贸易发展、促进中国文化出口》的课题研究，对中国文化出口优势、机遇和存在的问题等进行了深入分析，从目标人群、内容和形式、营销网络、品牌建设等方面对中国如何扩大文化出口提出了建议。

第二部分

经验交流与专家点评

推进整合，创新业态，拓展广电业发展机遇

上海文广新闻传媒集团公司总裁

黎瑞刚

对 2008 年下半年以来的全球金融危机给媒体行业带来的深远影响作出评价，现在还为时过早。从长远来看，这也许将成为一个转折点，金融行业的游戏规则将改变，媒介行业也将面临深刻的变革。

从虚拟经济到实体经济，从广告行业到媒体平台，从平面媒体到广电媒体，金融危机的扩散效应逐步显现。金融危机会带来怎样的影响？

直接的影响就是广告的削减，由此带来一系列媒体的经营困境。这是负面的影响。有没有正面的因素？

我们注意到一些正面的因素，比如，在汽车、房产等大宗耐用消费品处于阶段性困境的同时，一些快速消费品的广告投放，尤其是本土品牌，以及餐饮、卖场等服务行业仍处于稳中有升的态势。

同样，我们也看到了 2009 年一季度以来电影票房的升温，

以及部分演艺市场的火爆，似乎在印证一个历史的现象：金融及经济危机来临，恰恰是娱乐业、文化产业发展的机遇，因为人们需要种种能慰藉心灵而又花钱少的娱乐消费，就仿佛30年代美国金融危机阴影之下的好莱坞之崛起。

某种意义上，这种现象确实在重演。人类在危机面前的精神需求并没有因为时间而改变多少。但毕竟时代已经根本不同了，今天，全球化、信息化、资本化的大格局已经本质地不同于30年代。简单地期待重复半个多世纪前的产业故事不是我们这代人的本事，我们应该抓住这种大格局的变化，重新创造产业的奇迹，所谓危中寻机，化危为机。

现在首先需要反思的是我们的思维方式和行为方式。金融危机不可避免地会带来相当部分媒体行业的阶段性衰退。但是，在这种衰退面前，我们是单纯地归咎于外部原因，还是可以借此机会，反观自身，看看行业自身存在的痼疾，进而借势解决这些顽症，打开新的空间，等待春天来临，我们不是简单的复苏，而是一个新时代的开始。

值得反思的问题有很多。我这里谈三点：

一是单一依赖广告的商业模式是否是可持续发展？

目前我们中国内地的大多数电视台的主营收入和利润基本依靠广告。免费电视支撑下的广告经营成为我们几乎唯一的商业模式。广告经营受宏观经济的影响明显，同时也会不断被各种新生媒体分流，在一个局部市场还会存在“天花板效应”。

比较一下国际媒体集团及电视台的情况。美国维亚康姆集团横跨电视、电影、出版、户外广告等业务，其广告收入仅接近集团收入的50%。香港无线TVB去年收入44亿港币，广告收入也只有一半，其余一半来自于节目版权发行和海外付费收视业务。

二是条块分割的区域广电发展模式和体制是否已经成为产业振兴乃至做强的瓶颈？

在现行行政区划体制下，一步改变“条块分割、四级办台”的模式是有巨大困难的，而且也没有必要，因为可以有一些变通的整合路径。但我们必须认识到，这种区域分割的发展模式是与市场经济的要素配置原则不相适应的，是广电资源的巨大浪费和重复建设，也是束缚我们做大做强的瓶颈。

拿广电的有线网络为例，之前推进数字平移，如今推动下一代有线网，尽管数字化了，网络带宽提升了，互动业务启动了，但如果不能实现像电信行业那样的全程全网，各地的有线网络还是各守一摊，各自为政，那么，这还是一张有系无统的支离破碎的网，未来的成长空间有限。

三是非企业运作的广电经营机制是否空置浪费了文化产业更大的价值开发？

广电行业普遍的状态是比上不足，比下有余，小富即安。比上，比不过电信行业；比下，比起平面媒体，日子还是好过。正是在这种状态下，安于现状，安于事业单位的体制保护，安于事业单位企业化管理的过渡模式，安于国家行业政策的垄断壁垒，在纵向相比相对快速发展的同时，事实上并没有真正开发出这个行业应该具有的产业价值。而政企不分、政事不分、机关化痕迹浓厚的管理模式中，普遍存在着成本软约束、考核形式化、激励不到位等等问题，而这些问题的存在反过来又在一定程度上影响宣传工作的完成。

回到主题，尽管有这些中长期需要解决的问题，但我们还是需要立足现实，尽快找到拓展广电业发展的机遇。我认为，创新业态和推进整合是两个值得思考的方向。

广告业务依然值得深度发掘，依然具有巨大的成长空间，但同时需要关注其他创新业态和商业模式：

比如，付费电视业务。数字电视整转平移并没有迅速带来付费电视的爆发，原因很多，其中一个原因在于免费电视和付费电视的整体规划有待于立足长远的战略决策。在一个长期习惯于低价收视费支撑免费电视的市场，寄希望于迅速启动付费电视是不现实的。但我们可以注意到，由新媒体技术孕育而生的数字互动电视、IPTV、手机电视等的付费模式逐渐成熟，依托这些新媒体平台上的增值业务收入也将成为广告之外的一块增量。

比如，版权业务。香港无线电视台（TVB）在这方面是华语电视传媒中最成功的典范。TVB的价值不仅仅在于其市场份额和收视率带来的广告价值，而且还在于其积数十年创作而形成的片库资源价值。在这个意义上，中国内地电视机构要大力倡导原创节目版权和原创样式版权，那种长期以来依赖拷贝翻版别人的节目样式、搞低层次的同质竞争是不行的。

比如，电子商务。2008年中国的网络购物收入超过1000亿人民币，而当下一些品牌认同度高的电视购物公司也发展势头强劲。家庭电视购物是电视媒体产业未来重要的商业模式之一。韩国、日本的电视购物均占全国社会消费品零售总额的10%以上，美国为8%，而中国目前仅为0.11%。但中国电视购物目前需要解决两个问题，第一是商品诚信问题，第二是行业整合问题，如今这种数百家大大小小的公司恶性竞争无益于诚信问题解决，也无益于整体行业做大。

再比如，受众关系管理。客户关系管理是市场营销的重要学问。但我们有没有想过如何来管理我们的电视观众，并从中发现商业机会，创造商业价值？

我们来看看不同电视发展阶段的商业模式。早期，我们把电视称为“大众传媒”（MASS MEDIA），我们的观众是一群面目含混的“大众”（MASS）。在这个阶段，商业模式是广告。

后来，有了收视调查工具，有了人口统计学意义上的细分市场，所谓DEMOGRAPHIC，比如，我们的目标观众是男是女、多大年纪、收入多少、学历怎样等等，这个阶段的商业模式除了广告，又增加了个性化的付费频道。

到了如今这个阶段，电视已经不是单向的广播式覆盖，而有了双向互动的渠道，数字互动电视、IPTV、官方网站、网络电视、手机短信、声讯电话等等都提供了作为信息发布方的电视台与作为信息接收方的电视观众之间的互动管道，电视台可以精确定位每一位观众，不仅可以知道姓甚名谁，而且可以发现他（她）的收视习惯和消费喜好，这种情况下，电视观众已经不是大众和分众的概念，事实上已经与电视台形成了一个社区（COMMUNITY），那么新的商业模式是什么，值得研究！这是一个客户关系管理、受众关系管理的问题和领域。一个有趣的参照例子是美洲航空公司，其会员俱乐部的客户关系管理所产生的商业利润曾经超过航空公司的主营业务利润。

创新业态之外，另一个需要思考的方向就是推进整合。

比如，跨地域广电业务的整合。前面已经讲了我们目前这样一、两千个电视频道被行政区划割裂，是资源的空耗。从市场和产业角度来看，中国广电的诸多问题都与这种发展模式有关。因此，吸取出版、发行等行业的改革经验，有序地推进跨地域整合是必然的方向。

比如，上下游产业链的融合。广播电视，尤其是电视的强势在于传播平台的影响力。能否利用这种影响力，向上下游延伸，创造商业机会？娱乐频道能否进入演艺经纪市场，少儿频道能否进入教育培训市场，生活频道能否进入品牌授权产品市场？不一而足。

再比如，“在播、在线、在场”的结合。迪斯尼的一部动画片可以形成电影票房、电视广告、付费电视、音像制品、音乐剧、冰上芭蕾，乃至主题公园娱乐项目的“一个创意、多次利润”的模式。我们的品牌娱乐节目、综艺节目是否能够形成电视播出推广（ON AIR)、网络游戏互动（ON LINE)、地面活动参与（ON THE GROUND）三位一体的商业模式？

以上是我的一些观察和思考。

要推动这些创新和拓展，一些相关的环境因素是必需的：

首先是政策环境。积极推进制播分离和转企改革，积极鼓励广电行业内借助市场手段开展跨地区合作都是完全必要的。

其次是融资环境。着力培育多种融资渠道，在银行贷款之外，发育新的金融手段和产品，着力培育包括人民币股权投资基金在内的多种直接融资渠道，支持符合产业政策的并购和上市。

再者是法制环境。版权保护是文化创意产业健康发展的关键之一。我们要从中国国情出发，充分借鉴国际上的成熟做法，大力加强行政执法体系建设，让版权保护渗透于文化创意产业链的各个环节。

专家点评：

上海文广新闻传媒集团公司创新发展带给我们的启示

中国传媒大学电视与新闻学院教授　博士生导师

雷跃捷

在文化产业的序列中，广播电视业占有十分重要的位置。在西方发达资本主义国家，特别是在美国，广播电视业在国民生产总值中占有一定的比例。由于VOD系统的升温，KEGAN预测到2014年时，美国电视业的产值将会达到美国国内总收入的27%。这说明，发展文化产业，离不开广播电视业的发展。如何做大做强中国的广播电视业，这是我国广播电视系统从理论到实践一直在孜孜不倦探索的问题。上海文广新闻传媒集团总裁黎瑞刚同志的发言，对这一问题，又有了新的思考。他把中国广播电视产业发展置于全球金融危机这个大的背景下来审视，提出的“30年代金融危机下的西方娱乐业奇迹是否会重现”、“非企业运作的广播电视经营机制是否空置浪费了文化产业更大的价值开发”等4个问题，给我们许多的启示：这就是文化产业的发展是有机遇可寻的，但机遇不等于投机，文化产业的发展壮大，关键是要有高质量的文化产品，舍此即为舍本求末。而高质量的文化产品的生产，是需要通过科学、合理地组织生产，才能有效地获得，这就关涉到发展壮大文化产业的手段问题。这些手段的创新，既包括文化产业（当然就包括广电业）业态变革这样的微观层面的创新，以广播电视为例，改变以往仅仅靠广告收入作为广播电视的经营模式，利用数字技术给传媒业，特别是广播电视业带来的传播新形态的机遇，大力发展付费电视业务和版权业务，大力发展手机电视业务和网络电视业务，打破行业壁垒，将广电业和电讯业相互融通，互惠互利，这些举措都可能给广播电视业的发展带来新的机会。也包括整合行业资源这样的中观层面的创新，在广电业，这方面的改革要求显得更为迫切，广电行业条块分割、各自为政的弊端就久矣，“有系无统”的现状是制约广电业做大做强的一个瓶颈。还包括文化体制（特别是广播电视体制）的改革这样宏观层面的创新。这第三个层面的创新，用一句话来概括，就是要改革不符合现代文化产业发展的旧体制，就是要解放文化产业的生产力，就是要解放广播电视业的生产力。从这个意义来解读黎瑞刚同志的发言，我们清楚地看到了来自文化体制改革先行者——上海文广新闻传媒集团改革的思路，也清楚地听到了来自实践一线要求加快文化体制改革的呼声。

建设票务高速公路
推动文化产业腾飞

中国对外文化集团公司总经理

张　宇

党的十七大提出了“两大一新”的国家文化发展整体目标，明确文化建设作为经济、政治、文化、社会四位一体的重要组成部分。这为中国文化产业的迅速发展提出了新要求，也充分体现了党中央历史性战略性的远见卓识。

2008 年由美国“次贷危机”引发的金融危机，已波及全球各个国家的众多领域，对世界经济、政治、文化、社会产生着复杂而深远的影响。尽管国际文化格局在短期内并不会发生显著变化，但受宏观经济形势影响，今后一段关键时间内，抓住全球金融危机导致的文化产业发展新机遇的国家和地区很有可能在本次危机中趁势而上，占据世界文化版图的有利地位。日本与韩国就是在 1997 年亚洲金融危机后，抓住机遇，调整国内产业结构，促使其文化产业崛起，提升了国家整体实力。因此，在当前金融危机背景下，中国文化产业既面临着巨大的风险与挑战，也面临着千载难逢的发展机遇。

2008年，我在参加文博会的“中国国际文化产业高峰论坛”时曾提出文化产业发展的三个策略：品牌策略、渠道策略与主体策略。我们认为，这是中国进一步发展文化产业、实施中国文化走出去战略的基本路径。其中，渠道是文化产业体系中十分重要的一环，正所谓“得渠道者，得天下”。在当前复杂经济形势下，大力发展建立文化产业的渠道，既能发挥渠道本身的传输功能，又可以拉动消费、创造需求，发挥文化产业应对当前复杂经济形势的积极作用。

随着文化市场的繁荣、科技的不断进步、网络的普及与大众消费理念的改变，作为文化产业最重要的渠道之一，中国的票务行业进入了一个高速发展时期，亟待更新换代、重新布局，这将直接影响到文化产业的整体走向。票务网络系统，作为一种以高新科技为支撑的文化服务体系，是服务文化消费、引导文化市场、拉动文化内需、整合文化资源的重要平台，是与出版发行、电影院线、广电传输网络并行的中国文化产业四大渠道之一。

鉴此，去年国家发改委、文化部等九部委在联合发布的通知中，明确了“建立全国文化体育电子售票系统，打造统一的涵盖文艺演出、体育等领域的政府公共票务平台”这一具有战略意义的指导方针。而加快推进票务行业的电子化、网络化，实施“连接、贯通、架设纵横高速公路”的发展战略，打造先进的票务系统以适应市场发展的需求，将赋予这个共同平台巨大的生命力。通过建设产品齐全、渠道畅通的票务网络，一是可以使下游消费者在任何一个角落都能以平等的成本取得票务资源，二是上游文化产品制造商和文化团体在任何一个终端都能实现公平销售，同时展开纵向上的文化市场衍生品开发，创建文化产业龙头企业。这样的票务高速公路一经建成，对促进中国文化产业的发展，实现整个业态的升级，将合乎逻辑地产生巨大的拉动效应。

首先，票务高速公路将整合文化演出、体育赛事、旅游、会展、电影等各领域的票源，为剧场、院团、演出公司、文化投资商等各方主体提供专业的票务管理和产品推广服务，成为内容供应商、文化投资商和文化消费者之间的桥梁与纽带，既可以方便大众文化消费，又能为国家发展和决策提供第一手的市场信息。

其次，票务高速公路凭借全国票务网点的铺设和高效运行、剧场院线的终端占领以及电子商务平台和专业门户网站的搭建，将形成全方位的全国票务网络系统。全国各大院团及国内外各领域专业人才将通过这一系统紧密合作。系统提供丰富的网上人才库、信息库和在线共享空间，为国内外客户在制作和营销领域提供全面的、适时的、快捷的资源配置平台。在这个平台上根据市场需求进行优化组合，以最高的效率服务于不同规模的演出制作、展览策划、文化体育活动和赛事，通过互联网技术在全球范围内完成策划、导演、演职人员、市场营销人员等各项资源的最佳配置，能够以相对较低的经济和时间成本多出精品，制作符合不同国家和地区市场需求的对口适销产品，为国有和民营文化单位走向国内外市场拓宽出口和通路，为中国文化“走出去”开辟快速的航线和渠道。

最后，搭建票务高速公路有几个必要的技术条件：一是高度稳定和安全的基础设施，必须具备满足全国范围联网的稳定性和安全性。二是完备而先进的软件功能，把票务营销管理系统，客户关系管理系统，呼叫中心，电子商务网站和手机服务有效结合，各业务之间既独立运营又相互兼容，为大众提供既专业又人性化的票务服务。三是以客户为中心的管理模式，能为客户提供灵活而便捷的实时服务，为不同需求的客户定制个体空间站点，提升用户信赖与忠诚度。四是支付方式的创新。消费者可通过网站、热线、手机等多种方式安全订票购票，采用电子票技术，可实现无纸化售票。

中共中央政治局常委李长春同志多次指出，“改革创新和科技进步是文化发展的根本动力。必须在推进文化体制机制创新的同时，大力推进各方面的创新”，“要积极运用现代科技手段开发利用民族文化资源，改造传统文化产业，催生新的文化业态”，“加快构建传输快捷、覆盖广泛的文化传播体系”。根据李长春同志的重要指示精神，通过票务系统、电子商务平台和线下实体网络系统的综合建设，我们就可以成功实现资源整合、产品集成、市场营销、售后服务、信息收集与提供的全面发展。作为先进的网络技术与中国文化产业相结合的具体实践，票务高速公路的建设必将在中国文化产业的发展过程中催生新的文化业态，促进中国文化产业的整体腾飞。

为落实中央文化科技创新思路，和九部委建立全国文化体育电子售票系统的通知精神，中国对外文化集团公司在中宣部、文化部和财政部的有力支持与指导下，从 2008 年开始着手规划构建全国票务网络系统。到目前为止，已经完成了票务系统的技术研发、全国票务公司的注册和基本团队建设、全国 15 个主要城市的实体网络分支机构铺设、票务电子商务平台的搭建等工作。温家宝总理在今年的《政府工作报告》中提出了“加快文化产业发展”的重要思路，中国票务高速公路的建设工程正面临着天时地利人和的最佳机遇。

建设票务高速公路，在面临空前机遇的同时，也面临着巨大的挑战，包括引进资金、人才和全国性的跨区域管理；包括充分发挥技术优势，发展演出、体育、旅游领域的大票务营销；包括在电子商务和线下实体网络的基础上，实现票务系统、文化产品交易和文化资源整合三个平台的综合打造等。这些都是未来发展中必须解决和突破的难题。只有克服困难，才能攀登高峰。时不我待，为建设中国票务高速公路，推动中国文化产业的腾飞，我在此呼吁各界英才，戮力同心，共同奋斗，开创无愧于我们伟大时代的崭新功业。

专家点评：

票务网络系统建设对文化产业发展的现实意义

清华大学中国文化创意产业研究所主任

李　季

中国对外文化集团是中国众多文化企业的佼佼者，加快全国文化体育电子票务系统的建设反映了当前文化产业发展大背景下整合文化资源、逐步走向产业化的重要一步。

张宇先生基于在市场最前沿的游历，对金融危机有比较清醒的分析认识，既看到了风险与挑战，也看到了发展机遇。能够比较理性地对待中国文化产业的发展。

在这次全球性金融危机中，如何把危机转化为机会，变成中国文化产业发展的新机遇？我们应该清醒地看到，如果不能催生文化产业的新型业态，而是模仿日、韩乃至欧美的业态形式，那样我们只能跟在别人后面，亦步亦趋，而不可能实现我们的超越战略，我们从经济大国到世界强国迈进的进程中，就会缺失重要的一环。

今天很高兴有机会和张宇先生互动，因为全国文化体育电子票务系统的建立代表了当前中国文化产业新型业态的一个发展方向。

在讲到中国文化产业发展的战略时，张宇先生讲到了三个方面：品牌策略、渠道策略与主体策略。当然，我认为一个国家体系的产业发展战略不仅仅是这些，但这三个方面又是核心的部分。

品牌之路

以往我们讲到文化产业时，常常强调的是内容为王。目前的现状是，我们的文化企业和文化产品数量众多，但能畅行于世界市场的文化企业和文化产品却寥寥无几。我们可以看到的一个事实是，世界的文化市场是由美国为首的文化产业大国所占据，这影响了整个世界的判断力。我们在向强国迈进的过程中，如果缺乏具有世界影响力的文化企业和文化产品作为传播和承载我们价值观的载体，那么我们的中国模式就不会被世界认可，而是会带来一系列的后遗症。在这方面，我们任重而道远。

渠道之路

张宇先生在这里特别强调了渠道的重要性，这在我们发展文化产业过程中往往是被忽视的一环。

与高新技术、IT 产业融合后的网络渠道，是当前文化产业新型业态发展的重要路径。把文化体育票务网络作为中国文化产业继出版发行、电影院线、广电传输之后的第四大渠道，我认为这是中国文化产业发展的一大创举。

中国对外文化集团公司作为全国票务网络系统的整合者，旨在改变目前文化演出、体育赛事、会展、电影等产业界体系散乱、无系统、不规范的现状，对票务网络系统进行规范化建设，将为中国文化“走出去”的战略开辟快速的航线和渠道。

技术融合

通过对票源、销售终端的资源整合，以及互联网技术的建设应用，为票务系统、文化产品交易和文化资源整合打造了立体化的平台。

但我们也要清醒地认识到票务系统建设过程的困难，作为跨界复合型的新型文化业态，我们缺少的不仅仅是新技术的及时应用，而且是既懂文化产业又懂高新科技的经营人才，但我们毕竟走出了这一步，而且我们目前也面临着天时、地利、人和的发展机遇。

新发展

我们可以预见，像全国票务网络系统这种新型文化产业业态必定是下一步投资机构和投资银行的追捧热点。产业和资金的结合必将加速产业的发展，这也是我们在未来发展中必须解决的文化产业和资本结合的难题。

票务网络系统建立的现实意义在于：首先，增加国内人民欣赏高雅艺术的机会，提高全民素质。其次，控制终端渠道，提升产业竞争力。为文化产业的进一步发展，打开了市场局面。随着票务网络的建立，尤其是对二级市场的开放有着重要的意义。再次，对普及艺术及高雅文化在民间的认识、传播具有重要的意义。使文化演艺艺术深入民间，具有更强的艺术生命力。

票务网络是文化产业传播的重要渠道，它的建立将对文化产业的发展具有重要的启发和借鉴意义。

我国电影产业积极应对金融危机的几点思考

中国电影集团公司党委书记、副董事长

焦宏奋

一、金融危机对全球电影产业的不利影响以及我国电影产业的发展形势

国际金融危机对全球电影产业造成了负面影响：一是电影拍摄资金缩减，致使拍摄计划搁置或压缩。如，环球公司《丁丁历险记》拍摄计划搁置，派拉蒙影业削减 5 部影片拍摄计划等。二是票房收益锐减，致使部分影片推迟上映。如，派拉蒙影业将两部大片上映时间推迟，华纳公司宣布将《哈利·波特 6》上映时间从 2008 年 11 月份推迟到 2009 年夏天。三是电影产业重新洗牌，部分公司面临转产或倒闭。如日本、韩国电影产业因依托的金融实体产业受创，出现了明星身价缩水、公司裁员，甚至有些公司销声匿迹的情况。

在全球电影产业受此严重不利影响之下，国内外的电影产

业却是冰火两重天，我国电影产业在金融危机的大背景下逆势上扬，主要表现在如下几个方面：

第一，全国电影票房大幅提高。2008 年全国城市电影票房 43.41 亿，较 2007 年增幅达 30.48%。其中以贺岁档期票房最突出，2008 年 12 月，全国电影市场票房达 5.27 亿元；2009 年年初又迎来开门红，1 月份，全国电影市场票房达 6.35 亿元，超过去年 1—2 月总和。在黄金时段和节假日，许多电影院门前排起了长队，出现了一票难求的情况。国产影片市场份额超过 60%，连续 6 年超过进口影片。2008 年国产影片票房过亿的有 8 部影片，数量大大超过往年。

第二，我国电影产量呈逐年攀升趋势，电影创作生产形势活跃，投资热情高涨。2008 年全年故事片产量达到 406 部，稳居世界前三位。中国已经步入世界电影生产大国行列。

第三，院线制改革逐步深入，产业不断升级。城市影院建设吸引了大量业内外资金。2008 年全国主流院线范围内新增影院 118 家，总数达到 1545 家，比去年增长 8.27%；新增银幕数 570 块，平均每天诞生 1.56 块银幕，全国主流市场银幕总数达到 4097 块，比去年增长 16.16%。

第四，在电影放映和影院建设上，数字化工程取得了阶段性成果，初步形成主流市场、二级市场和农村市场的梯次放映网络。

二、我国电影产业应对金融危机的特点与优势

（一）电影及电影产业的特殊性决定了电影产业在金融危机环境下的逆势上扬，逆经济周期增长的态势

1. 从电影的特殊功能上来说，电影的娱乐特性满足了人们的精神需求。在金融危机来临时，人们对文化内容的需求与物质产品的需求不同。随着生活压力心理压力骤然加大，人们产生了消极的负面情绪，对电影产生了独特而迫切的精神需求。人们希望从电影中获得心灵的抚慰和激励，找到精神的寄托，需要通过电影来宣泄情绪。优秀的电影作品能够满足人们的需求，舒缓压力、排遣忧虑，给人们以积极向上的精神动力，点亮人们寻求新发展机遇的灵感，为困境中的人们树立榜样，鼓舞人们战胜金融危机的斗志和信心。

2. 从金融危机对文化产业的影响比实体经济小的角度看，电影产业与实体经济联系程度不紧密，电影产业的发展规律表现出逆经济周期发展的特点。通过以往金融危机的经验可以看出，文化产业常常是引领经济走入新一轮经济增长的强大引擎。在 20 世纪 30 年代初的经济大萧条期间，美国电影业的发展繁荣成为经济增长的亮点，而在 20 世纪 90 年代亚洲金融危机中，日本、韩国提出了文化立国的产业政策成效显著，通过大力推进文化产业发展带领本国经济走出了亚洲金融危机的阴影，并在世界文化产业领域占有了一席之地。

当前的金融危机中，在实体经济下行的情况下，我国电影产业的发展的良好表现引起了人们的极大关注。金融危机引发的全球经济衰退致使我国经济发展的外部环境严峻，出口减少，内需放缓。但从目前来看，对我国电影产业的影响有限，我国电影产业表现出的逆势上扬的发展势头，在一定程度上验证了我国电影产业在金融危机中促进经济增长，带动内需的积极作用。

（二）我国当前稳定的经济局面和我国电影制作的低成本、

低费用，将极大地吸引国外电影同行的合作，为我国电影产业的发展与升级提供了机遇

在金融危机中，一方面我国政府采取了拉动内需、促进对外贸易、减少企业负担和加强社会保障等一系列有效的政策和措施，在遏制危机蔓延方面发挥了极其重要的作用，树立了良好的国际形象；另一方面，我国是发展中大国，在电影制作成本费用方面相对低廉，在金融危机中发展受挫的国外电影公司为了节省开支，纷纷将目光投向我国。这将成为我国电影在增强国际合作交流的同时，提高我国电影制作水平，学习先进的经营管理方式，完成我国电影产业升级，提升我国电影的国际影响力，是促使国产电影走出去的大好时机。

（三）我国近几年电影产业的快速发展，电影产业体制机制改革成效显著，在电影的拍摄、后期制作、营销、发行、放映等方面都达到了国际先进水平

除了电影自身的发展规律以外，近年来我国文化体制改革取得了重要进展，我国电影企业通过体制机制改革，激发了文化发展的活力，吸引了大量社会资金流入我国电影市场，促进了文化产品的供给和繁荣，这也为进一步加快发展文化产业打下了良好的基础。

（四）我国政府在电影产业发展上的支持力度加大

为加快我国电影产业发展应对金融危机，我国政府采取重要举措，支持我国电影产业的发展，主要体现在：一是促进电影产业发展，实行积极的财税政策。二是加快实施电影重大文化产业项目，实施重大产业带动战略，加大政策和资源倾斜力度，以项目引导带动重点产业实现突破性发展。加快实施城市数字影院建设工程，加快全国城市兴建、改建现代化影院步伐，推动国有院线建设和跨区域扩张，促进我国电影产业升级。三是加快开发农村电影市场，采取财政拨款的方式，完善农村电影市场的建设，加快农村电影数字化进程。

（五）我国电影产业的发展对我国经济发展的积极作用

一是积极发挥电影产业在“扩内需”中的作用，在金融危机下，以文化产业拉动内需，带动国内经济全面增长。

二是积极发挥电影产业在“保增长”中的作用。电影产业的快速发展使我国文化产业在 GDP 中比例的提高，可以为我国家经济发展“保 8”作出积极贡献。

三是积极发挥电影产业在“惠民生”中的作用。电影产业链条长，就业容量大，具有较强的灵活性，在当前形势下，可以解决日渐严重的就业问题，特别是适合大学生、研究生就业和创业。

四是积极发挥电影产业在“调结构”中的作用。电影产业能耗少、污染少。作为绿色经济，电影产业在促进经济结构调整中大有作为，是推动国民经济全面、协调和可持续发展的战略性产业，在未来有很大的发展空间。

三、中影集团应对金融危机的几点措施

在当前复杂的国内外经济条件下，中影集团密切关注和冷静应对国际金融危机，科学分析电影产业的特殊性，坚持发展是硬道理的战略思想，坚持走科学发展道路，积极探索转“危”为“机”的有效途径。

（一）加大力度繁荣电影创作生产，提高核心产业竞争力

内容产品是电影业的核心优势，受金融危机的影响，人们

迫切需要从轻松快乐的文化产品中寻求心理安慰和精神激励。美国曾在1929年经济大萧条时期涌现出了《白雪公主和七个小矮人》、《绿野仙踪》等一批艺术经典作品。

中影集团一方面要本着“贴近实际、贴近生活、贴近群众”的原则，打造思想性、艺术性、观赏性俱佳的作品，最大限度地满足广大人民群众的精神需要。多拍一些励志型、喜剧型、反思型的电影，鼓舞人、激励人，增强人们战胜金融危机的勇气和信心。另一方面，提高中影集团在国际电影市场的影响力和竞争力，充分发挥中影集团在电影行业中的引领和带动作用。进一步解放思想，更新电影创作理念，以电影语言向世界诠释我国五千年的文明底蕴，展现在党中央的领导下新中国改革发展的伟大成就，拍摄出一批有中国气派、中国风格的第一流的影片，打响中影在国际电影行业的品牌知名度。

要在降本增效上下工夫。中影集团将继续大力支持中小成本影片的发展，在题材和拍摄手法上寻找突破点，挖掘中小成本影片的票房潜力。稳步实施青年编剧、导演人才培养计划，解决就业，吸引凝聚新生力量，全面提升集团影视创作生产的整体实力。

要继续积极尝试新媒体短片，寻找新的利润增长点。继续摸索与开发新媒体电影市场，加快网络、IP电视等新媒体业务的开发，以先人一步的姿态占领新媒体市场，开发集团新的经济增长点。

（二）充分挖掘和发挥国家电影数字制作基地的潜力和作用

2008年7月，由中影集团投资20亿，历时两年多施工建设的国家电影数字制作基地在北京怀柔正式落成，基地占地

800 亩，建筑面积 15 万平方米，是亚洲规模最大，设施、设备最先进，集影视前后期制作于一体的数字化、网络化的大型电影制作生产基地，具备年制作 80 部电影故事片、200 部电视电影、500 集电视剧和影视动画片的生产能力。基地包括总建筑面积达 4 万多平方米的大型摄影棚区，其中有面积居世界第一的 5000 平方米的超大摄影棚，可满足特大型场景和特殊场景的需求，一个 1.6 万多平方米的大型器材服装道具库，1 万多平方米的置景车间，还拥有一个超大规模的数字制作棚区，一个面积达 1.5 万多平方米的光盘生产车间。此外，基地还建有中影动漫产业试验区，一批大型的外景拍摄地以及规模庞大的生活配套设施建筑群。

基地开业后虽然正赶上全球金融危机的来临，给基地的运营管理带来一定的挑战，但同时也看到了机遇。一方面，国产电影正处在上升趋势，大量影片如《梅兰芳》、《赤壁》、《非诚勿扰》、《南京！南京!》、《建国大业》、《疯狂的赛车》等都在基地拍摄制作，截至 2009 年 3 月，基地共承接 80 部次的影片制作，设备设施使用率达到 80％，基地从去年 8 月开始运营到去年年底，营业收入近 3000 万，2009 年第一季度的营业收入已经达到 4000 万。另一方面，国外制片公司为降低制作成本，节省开支，将拍摄地点由欧美转向发展中国家，包括我们的国家电影数字制作基地。截至目前，已有近百家国际知名电影公司前来基地参观，洽谈合作事宜。

在当前金融危机的冲击下，中影集团将认真借鉴境内外加工制作单位经验，围绕营业额、设施设备开工率（利用率）、成本收益率（特别是能耗率）三大指标，建立集中统一的指挥体系、高效运行的管理考核体系和保障有力的后勤支持体系，真正把数字基地建设好、管理好、使用好。同时，中影集团正在积极筹备基地的二期工程的论证方案，二期工程将在数量和规模上充分满足电影生产的需要，同时引进旅游的元素，全方位、多角度地挖掘基地的潜力，充分发挥基地在集团产业链中的拉动作用。

（三）加快投资建设电影院线，扩大集团电影市场的延伸能力和覆盖能力

受金融危机影响，电影院线建设方面遇到了一定的阻力，一是吸引资金难度增加；二是居民消费指数下降，影响到票房市场收益，一些规模小的影院公司的经营面临考验。

与此同时，我们也看到在金融危机的影响下，影院数字设备成本正大大降低，从过去的200万一套，降到现在的50万元一套；海外资本抢滩中国影院市场的节奏有所放缓，这都成为我们扩大影院市场覆盖率的大好时机。

截至2009年第一季度，中影共投资1.5亿元，开业影院共31家，影厅194个，座位数31644个，2008年票房3.8亿元，今年第一季度完成票房约1.1亿元，总体呈现稳中有升的发展态势。同时数字银幕已达到1124块，2009年1月至4月数字票房2.5亿，其中数字3D影片《地心历险记》票房6960万元、《闪电狗》票房4580万元、《大战外星人》票房2680万元。

中影集团将继续推进电影院线建设步伐，进一步以国有资本控制电影放映主渠道，增加中影集团在全国院线的市场份额，建造现代化星级影城和旗舰影院，打造有实力的放映院线。

(四) 加快发展农村数字电影放映工程

农村电影放映工程作为完善社会保障体系的重要内容，已纳入国家公共文化服务体系建设的整体规划。受金融危机的影响，大量进城务工人员返乡，农村对电影市场的需求量增加，市场扩大。中影集团作为大型国有电影企业，肩负企业的社会责任，集团按照“市场运作、企业经营、政府购买、群众受惠”的总体思路，于2008年组建了中影新农村数字电影放映公司，在推进城乡基本公共服务均等化的同时，带动和开发农村市场，实现建立公共文化服务体系和市场体系的有机结合和相互促进。

对于农村数字电影放映工程，中影集团计划第一年为铺点期，在12个左右省市区建立约30条院线和8000个放映队(其中合作加盟放映队1500个)。第二年与引入的社会资本一起，新增15个左右省市区建立约50条院线和10000个放映队(其中合作加盟放映队2500个)。第三年在全国做大做强农村电影市场，填补市场空白点，在满足社会效益的前提下，实现整体收支平衡、局部经济效益回报。自第四年起为管理模式成熟期，实现社会、经济效益双丰收。

目前，中影集团已经完成了一期2亿元6500套数字放映设备的招投标工作，对以往投放到农村市场的设备的技术性能、售后维护、性价比和用户反映情况进行了实地考察，对新采购的设备从放映效果、稳定性、重量等多方面进行了改进和优化，使新设备系统更加适合农村流动放映的特点和需要。

制定6500套设备的投放计划，并先后与湖北、陕西、河北、山东、上海、贵州等地的32条农村数字电影院线签订了合作协议，加盟设备共计4000套。

同时对广告放映体系也正在建立之中，为让电影这一文化载体服务“三农”，宣传“家电下乡”、“卫生下乡”、计划生育、环境保护等国家政策，将电影下乡与党和政府的政策宣传紧密结合起来，集团与财政部、商务部、国家工商总局等部门就农村电影放映系统播放公益广告事项进行多次沟通并达成合作意向，目前公益广告的拍摄和投放计划正在逐步落实当中。

除对“家电下乡”、“卫生下乡”等政策宣传的配合工作外，还与联想集团、三星集团、永业集团、快克药业等面向农村市场的大型企业进行广告合作洽谈，并将于6月举行全国首映仪式及大型宣传活动，借以集中展示集团的媒体实力，吸引更多合作伙伴。

此外，中影集团总结多年的经验，深刻认识到资金和人才是企业发展的两翼。而金融危机也正酝酿着一场资金和人才在全球市场的大流动和重新配置。中影集团一方面在积极探索和尝试新的融资渠道，在成功发行5亿元企业债券后，正在推进集团的上市融资计划，以此获得企业发展所需的足够的资金支持；另一方面，中影集团正在规划企业的人才战略，以此网罗更多更优秀的人才。

总之，国际金融危机虽然潜藏着风险，但也蕴含着机遇，历史上两次大的危机——20世纪30年代经济危机和90年代亚洲金融危机，使得美国、日本、韩国等国的电影产业实现了超常规的发展。我国的电影产业应借鉴国外的经验，结合自身的特点，把握好危机下潜在的机遇，树立信心，积极应对，实现跨越式发展。

专家点评：

中国电影产业的改革发展任重道远

清华大学传播学院副院长

尹　鸿

借助于文化产业大发展的时代背景，进入新世纪以来，中国电影产业进入了高速发展的阶段。中影集团，作为国有最大规模的电影企业，为中国电影产业的发展起到了重要的带动和推动作用。

近年来，中国电影产业发展的成果，主要体现在四方面：

第一，电影供给日益丰富。国产电影年产量从几十部增加到400多部，出现了一批具有市场影响力和文化感召力的电影作品。大片、类型片、商业艺术片和艺术商业片一起共同支撑了中国电影产业，国产电影一直占据全国市场的票房份额优势。

第二，电影市场全面复苏。2002年以来，全国电影年票房不仅从几亿增加到目前的40多亿，电影院线屏幕从1000来块增加到超过4000块，更重要的是电影已经从被其他媒介排斥到边缘的状态再次回到了社会文化的中心，通过影院和各种其他渠道看电影已成为人们文化生活的重要组成部分。

第三，电影逐渐成为中国文化软实力的重要组成部分。电影是目前中国所有文化产品中国际地位最高、国际影响最大的文化类型。这不仅体现为中国电影获得过所有国际 A 级电影节大奖，也体现为中国电影在国际主流市场上逐渐引起了普通电影观众的关注。在北美市场上，历年来的外语片票房排行榜上，华语电影在前 3 位中占了 2 位，在前 50 位中，还有更多的内地和香港电影上榜，中国电影开始有能力与除美英之外的其他国家的影片竞争国际市场。

第四，电影产业逐渐壮大完善。在开放的电影政策促进下，中国电影产业开始从规模扩大到效益提升、从分散经营到整合经营、从产业分割到产业贯通、从小电影产业向大电影产业转化，不仅出现了中影集团这样的国有的领导性电影企业，也出现了华谊兄弟这样的具有品牌影响力的民营电影企业，中国电影产业正在寻求走向更开放的资本市场和国际市场，寻找做大做强的广阔平台。

当然，相比美国电影产业来说，中国电影产业还很弱小；相比中国的经济建设成就来说，中国电影产业的经济总量还很有限；相比中国的国际地位来说，中国电影产业的世界影响还不足；相对中国的人口规模和人民的消费水平来说，中国的电影市场潜力还很巨大；相对中国的社会发展来说，中国的主流电影文化建设还有待加强。应该说，中国电影的的改革还任重道远。

第一，电影产业还需要更加深度的整合。电影行业需要走向资本市场，产业链应该进一步完善和贯通，形成若干家骨干性电影企业，通过跨媒介、跨行业的整合形成大电影产业等等，都是中国电影做大做强的基础。

第二，形成更丰富的主流电影产品。中国电影正在逐渐从过去那种由1～2部大片支配市场的金字塔结构转向由一批不同层次影片共同打造市场的梯形结构。在这种过程中，需要出现一批具有共享价值观、市场竞争力的主流影片，使观众越来越多，市场蛋糕越来越大，通过市场的支配力扩大文化的话语权，这样才能在市场的带动下推动中国电影的多样化以及加强中国电影文化建设的主体性。

第三，电影产业政策需要更完整的配套。在电影的投融资政策方面，电影的税收优惠政策方面，电影产品的准入分类方面，电影的财政补贴和基金使用方面，电影行业的版权保护等方面都需要法规政策的进一步完善，中国电影才能更加健康有序良性发展。

第四，进一步提高中国电影的国际化水平。电影在所有文化产品中，是全球流通性最强的形式。一方面外国电影必然会通过各种途径进入中国市场，另一方面中国电影也需要进入国际市场，因此，中国电影需要继续推动内地、香港的合作，适度加大对外开放，通过借力发力、借船出海、战略合作等形式，增强中国电影的国际竞争力，培育中国电影产品的国际市场。

第五，培养具备现代电影观念、技能和国际视野的电影人才。在全球化背景下，文化的竞争往往就是人才的竞争。通过有效措施，开展国际合作，走出去和请进来，培养、培育、吸引一批既具有现代电影理念和技能，又具备国际视野的电影管理人才、经营人才、创作人才、技术人才，是中国电影是否能够持续发展，适应全球化挑战的关键问题。

第六，为电影产业深入发展提供开放的产业环境。世界的电影业都在向跨媒介跨国跨区域的综合化方向发展，一方面电影是文化创意产业的发动机；另一方面，电影的发动机必须通过向其他文化行业释放能量才能充分发挥效益。因此，中国电影产业也需要政策支持，形成综合性的，甚至跨国跨区域的媒介文化集团，才能真正具备具有世界影响的竞争力。在如何保证文化安全的前提下，使中国电影产业的改革更加深入，需要我们更多更大胆的探索。

总之，中国电影产业正处在一个快速发展的良好时期。电影已成为中国文化产业改革中最具活力和最有成效的领域。中影集团以及若干个不同体制的大型综合性文化和电影企业的出现，将是中国电影产业发展的重要支柱。中国电影产业既会成为中国观众特别是青少年观众产生社会认同和精神认同的平台，也会成为扩大中国文化世界影响和国际地位的重要载体。

让中国文化产业插上科技的翅膀

深圳华强文化科技集团总经理

李　明

深圳华强文化科技集团股份有限公司是华强集团旗下专业从事文化科技产业的集团公司，是华强集团近年来重点发展的产业领域。

华强文化科技集团将现代高新科技和文化产业相结合，通过不断创新与探索走出了一条“以文化为核心，以科技为依托”的文化科技产业发展新道路，打造出一条“创、研、产、销”一体化的文化科技产业链，并提出了文化产业规模化、多元化、国际化的发展战略。

一、以文化为核心，以科技为依托，创建新型的文化科技产业

胡总书记在十七大报告中指出，“推动社会主义文化大繁荣，大发展，推进文化创新，增强文化发展活力，运用高新技

术创新文化生产方式，培育新的文化业态”。华强文化科技集团的所有业务领域都是按照这样的思路在运营。一直以来，华强文化科技集团始终坚持以科学发展观指导文化发展；坚持以文化为核心、科技为依托，创新产业发展模式；坚持文化原创和把握自有知识产权，以高科技手段提高中国文化产业的附加值和竞争力。

文化与科技的结合是发展高端文化产业的必由之路。文化与科技的结合，一方面极大地提高文化产业的科技含量，丰富文化产品的表现形式，提高文化产品的附加价值，另一方面也使高科技找到新的应用领域，提升科技产品的文化内涵，拓展市场空间，降低发展风险。集中体现高科技含量、高文化含量的新兴文化科技产业，是真正的高端产业，也是最具发展潜力和前景的产业，代表了中国文化产业发展的方向。“文化科技产业”作为一种新型的产业业态，可以实现文化与科技之间的优势互补和相互促进，大大增强产业的整体竞争力和可持续发展能力。

华强自身的发展历程也证明了文化与科技的结合所带来的巨大的优势和市场竞争力，华强在其所从事的每一个文化产业领域的开拓和经营过程中，都紧密地结合了高科技技术。高科技的引入，提升了产品的质量，提高了研发和生产效率，创新了产品的表现形式，使文化产品本身更具有吸引力和市场竞争力，也使企业具有特殊的竞争优势，不容易被复制和替代，使企业具有更强的抗风险能力。当前的金融危机下的企业发展情况也恰恰证实了文化与科技结合产生的新型文化科技产业优势，华强文化科技集团 2009 年一季度的销售收入和利润分别较去年同期增长了 100％和 164％。预计 2009 年，华强全年的利润将较2008年增长260%。

二、打造“创、研、产、销”一体化的文化科技产业链

华强文化科技集团坚持以创新为动力，不断探索，逐步打造出一条“创、研、产、销”一体化的文化科技产业链，较好地解决了文化科技产业创新与创意、开发与研究、规模化生产以及市场营销等从源头到末端市场的一系列问题，形成了企业的核心竞争力。创意是华强文化产业的核心内容，是快速发展的原动力；研究是进一步的深度研发和设计，是产业竞争力的保证；现代化、规模化的生产能力是实现产业化的基础；销售领域建立了有机组合多种市场形态的立体销售网络。创、研、产、销四个环节环环相扣，形成一个完整的产业链。

“创、研、产、销”一体化的产业链实现了各产业的有效链接，构建起一个以市场为目标、以高科技技术为支撑的强大产业发展平台。在这个产业链中，各个不同领域之间互为上下游，互相依靠和支持，实现了产业衔接，优势互补，资源共享。这一具有中国特色的文化科技产业链，使过去文化产业发展过程中非常棘手的创意、关键技术、自主产权、资金、市场、人才等诸多问题得到了很好的解决，为文化产业加快创新发展探索出一条新的道路。

三、华强文化科技产业多元化的发展思路

华强文化科技集团针对我国传统文化产业结构简单，市场

单一，互补性差，抗风险能力低等问题，学习迪斯尼、环球影城等国外大型同类企业的发展经验，围绕文化科技产业，提出了多元化、规模化与国际化相结合的发展战略，在产业内部形成产业优势互补，互为上下游，互为发展平台，旨在提高企业整体实力和抗风险能力。

多元化战略包含多业务领域、多市场平台以及多产业整合三个方面。华强基于自身的核心竞争力发展出以媒体网络、影视娱乐、文化衍生品、休闲度假四大产业为核心的立体多元产业网络。媒体网络包括卡通频道、城市电视联播网、网络游戏和新媒体；影视娱乐包括影视出品、影视制作、动漫产品和主题演艺；文化衍生品包括出版发行、音像制品、旅游商品和动漫玩具；休闲度假包括文化科技产业主题公园，旅游商业（度假区、旅游购物中心）和方特假日酒店连锁，其中文化科技产业主题公园又包括方特欢乐世界（以科幻为主题）、方特梦幻王国（以卡通为主题）、方特影视乐园（以影视为主题）三种不同类型、不同风格的主题公园。四大产业布局涵盖了多个文化科技产业相关领域，各个业务领域互为上下游，形成优势互补产业链，形成了立体多元化的产业网络。

多市场平台包含旅游市场、电影发行网络、商业电视网、出版发行、互联网、主题演艺等多个市场平台。多个市场平台保证了企业多元化扩张，使企业具有更多的市场盈利点，具有更强的抗风险能力。同时多市场平台的相互作用又进一步形成组合合力，使企业具有更强的市场影响力和更大的品牌价值。

同时，华强在国内首次将文化产业、旅游产业和相关科技产业组合成一个产业，形成以文化产业为核心、旅游产业为市场平台，科技产业为保障的新型产业。

华强文化科技集团在多个业务领域都走在了世界前列，在特种数字电影、数字动漫、文化产业主题公园等领域都形成了具有国际竞争力的拳头产品，在国际文化市场上树立起较强的品牌知名度。华强文化科技集团坚持自主创意、自有知识产权，掌握了特种数字电影、数字动漫、文化主题公园等多个领域的关键技术和自有知识产权，拥有200多项国内外专利，近百项软件著作权和电影、动画片和作品版权。华强文化科技集团是国内唯一具有成套设计、成套制造、成套出口大型文化主题公园的企业。集团不仅在芜湖、重庆、汕头投资建成了第四代文化科技主题公园，而且开始将完全自有知识产权的高科技主题公园输出到国际市场。华强文化科技集团拥有国内目前最大、设备最齐全的数码电影制作专业公司，具有强大的数码电影技术研发力量，其自主研发的环幕4D电影、水幕电影、球幕电影、交互电影不仅在国内具有较高的知名度，而且还出口到世界各国。华强还建成了国内仅有的全无纸化动画生产线，实现了二维、三维动画片的规模化生产，使生产效率达到传统公司的7～8倍，2009年动画片产量预计达到10000分钟。

四、华强文化科技产业规模化的发展战略

文化产业规模化发展是解决中国文化产业长期以来由于规模较小，缺乏竞争优势从而被排挤在国际市场之外的问题。华强文化科技集团不仅向文化产业注入科技元素，而且打破传统的生产模式，提出用规模化的生产来提高产品的产量和产值，通过工业化的运作和管理方式，降低成本，提高品质，加强国际市场竞争力。华强文化科技集团不仅在深圳总部建立各种产

品生产线，而且充分利用我国的人才资源，在多个省市建立具有规模化生产能力的文化科技产业园。

华强文化科技产业园集创意、设计、研发、生产、展示、经营于一体，主要由文化科技产业基地和文化科技体验区以及配套项目组成。文化科技产业基地包括创意基地、数字动漫基地、特种电影基地、游戏软件基地、影视拍摄基地、文化衍生品基地、文化科技产业学院等等，分别针对数字动漫、数字电影、游戏软件、文化衍生品等文化产业的核心领域进行创意、研究、开发和制作，具有强大的创意研发和生产能力，从而实现文化科技产业的规模化生产。文化科技体验区是文化科技产品和先进技术的展示平台，同时为新研发的文化科技产品提供终端市场检验，为新研发的技术提供测试平台。

华强计划在东北、珠三角、长三角、环渤海、西北片区等重要的文化科技产业带，以华强文化科技集团为龙头，对一些小型文化企业进行整合，建立具有国际水准，包含创意、研究、设计、开发、生产以及体验等多种元素在内的世界级文化科技产业园区。2008 年年底，华强在山东泰安市、辽宁沈阳市、安徽芜湖市等城市的华强文化科技产业园项目相继动工。华强还将在深圳政府的支持下在深圳投资建设华强文化科技全球总部基地。这批项目将于 2010－2011 年建成，其后，大量具有创意、动漫、电影、软件、游戏等产业的“创、研、产、销”才能的专业人才将进入产业园区，将成为我国文化科技产业的生力军。

五、华强文化科技产业国际化的市场拓展战略

中国文化产业要想在国际市场产生影响，必须坚持走国际化发展道路。华强文化科技集团从2000年开始针对中国文化产业国际化拓展进行探索，总结出以自有知识产权的拳头产品作为打开国际市场的武器，逐渐将不同类型的文化产业产品和项目输出到国外。华强文化科技集团努力打造特种电影影片、特种电影成套设备、动漫产品、文化科技产业主题公园等拳头产品，提升国际竞争力。

集团十分重视国际化发展战略，产品从创意研发初始就瞄准了国际市场。许多产品甚至在国内还未销售，就已输出到国际市场，并获得良好的评价与关注。到目前为止，华强具有自主知识产权的多种特种电影系统已出口到美国、加拿大、意大利等全球四十多个国家和地区，特种电影出口二十余部，深受观众和运营商的喜爱。文化科技产业主题公园已经整体输出伊朗、乌克兰，南非，使中国成为继美国之后第二个能够整体输出主题公园的国家；动漫产品2008年出口5000分钟；游戏与教育软件通过互联网覆盖全球。

多年的国际化发展道路使华强文化科技集团的各项产品均达到国际一流水平，建立了在国内外业界具有影响力的自有品牌。

六、结束语

华强以科学发展观为指导，在自主创新之路上探索出的

“文化＋科技”的文化产业模式得到了业界的广泛认可，受到了中央领导和中央有关部委的高度重视和关注。2008 年 10 月 18 日，李长春同志视察华强并下达了“学习迪斯尼，超越迪斯尼”的指示，此后各部委、各省市政府的领导纷纷来华强文化科技集团参观、视察，对华强文化科技产业给予高度评价。2009 年 3 月 9 日，华强文化科技集团与中国进出口银行签订了 100 亿元的战略框架合作协议，为集团自主创新和“走出去”提供强大的金融支持。同时华强也与国家开发银行就“走出去”进行战略合作，与中非发展基金就中国文化产业走入非洲达成合作意向。2009 年 4 月 20 日，温家宝总理在视察华强后亦寄予了殷切希望，他指出：“现在我们把科技与文化结合在一起，再加上我们又有五千年的文化传统，这是一个雄厚的根基，靠你们的创新意识和能力，一定能够带来科技文化的大发展，不仅让中国的人们，特别是让孩子们高兴，而且将这带给世界。”

中央领导对华强的指示，是华强坚定不移的发展目标。国际文化产业巨头迪斯尼的文化限于仅具有 300 年历史的美国，而华强文化科技产业的崛起却孕育于具有五千年华夏文明的中国。更好地将文化与科技紧密融合，让文化产业借助现代科技的力量快速腾飞，让中国优秀的文化更好地传播到世界舞台，影响世界，这是华强孜孜不倦的追求，也是华强为之奋斗的目标！愿和所有文化科技界的同行一起为中华文化产业的大繁荣大发展贡献我们的一份力量！

专家点评：

华强代表了当今时代日益崛起的中国文化科技力量

中国综合开发研究院旅游与地产研究中心主任、教授

宋 丁

刚才听了华强文化科技集团李总的演讲，我想用一个词来形容我现在的心情，那就是“感动”。为什么？因为华强给了我久违的一种发自内心的期盼。在中国，90 后、80 后、70 后，甚至连我们这些出生在 50、60 年代的人，都是美国迪斯尼文化的长期体验者和崇拜者，最近国内某大城市说，他们如果引入迪斯尼，将拉动这个城市 1 万亿的 GDP。1 万亿是什么概念？是中国一年经济总量的 1/30，是中国政府一年财政收入的 1/6。这种神化的夸大正反映了中国人对迪斯尼的崇拜。我们几乎习惯了这样的文化人生，以至于我们常常觉得那就是我们本来的生活内容。现在，一个中国企业，一个成长在中国深圳的文化科技企业——华强，它在用它稳健而坚定的行动向那些看起来似乎不可动摇的世界品牌发起了挑战，尽管还显得有些稚嫩，但它告诉我们，迪斯尼不是世界的唯一，美国人能做到的，中国人迟早也能做得到。华强代表了当今时代日益崛起的中国文化科技力量，我为此感到骄傲！

李总的演讲给我留下很深的印象，主要是下面五点：

第一是科技、文化和现实的市场渠道的高端整合。近年来，科技与文化的结合已成大势。然而，真正把文化和科技结合后形成的产品成功推向市场的企业并不太多。华强的成功在于，把科技、文化结合的产品，如动漫、特技、4D电影、网络游戏等等，成功导入现实的市场渠道中去，例如，影视、网络等等，尤其是打造了“方特欢乐世界”这个充满科技文化色彩的中国第四代主题公园品牌，这使得它能够把华强最新的科技和文化相结合而产生的产品及时通过方特欢乐世界展示给社会。如果科技和文化结合的产品没有找到现实的市场渠道，就无法实现其价值，这样，无论多么好的创意、多么高的研发和前期开发投入都意味着死亡。

第二是自主知识产权。在中国，主题公园有数千个，其中融入科技因素的不在少数，但是除了华强，目前还没有其他任何一家能够拥有全部自主知识产权，这足以让华强引以为自豪。迪斯尼曾经给华强发来律师函，提醒华强注意不要侵犯迪斯尼的知识产权。这个律师函说明了什么？第一，它说明拥有全部自主知识产权的中国华强的高速成长已经引起迪斯尼的关注甚至不安；第二，华强的科技文化产业发展坚持自主创新的道路，在知识产权问题上让迪斯尼没有把柄可抓。如果有的话，就绝不是一纸律师函的问题了，而是国际间的商业诉讼官司了。

第三是国际化。近年来，华强几乎是以迅雷不及掩耳之势，大踏步地推进了自己的国际化战略，目前已经把包括动漫、特技电影、4D电影、网络游戏、高科技主题公园等文化科技产品销售到全球40多个国家和地区，尤其是拥有很高科技含量的主题公园的整体出口，彰显出中国文化科技企业对国际社会日益扩张的影响力。现在世界上有一个值得关注的现象，当中国一些大城市不惜以高昂代价引入迪斯尼、环球影城的时候，一些发展中国家，例如伊朗、乌克兰、南非等却在用不到中国引入美国项目10%的费用引入中国华强的方特欢乐世界。显然，这些国家比中国一些急于想引进迪斯尼、环球影城的大城市更聪明。不过，我想向大家透露的是，国内某大城市本来想引进环球影城，但是，最近由于多种原因决定放弃，而正在与华强积极洽谈，在同一地块上引入华强，这是一个令我们高兴的积极信号。

第四是中国文化。在动漫和特技电影中，我们看到太多外国的东西，近年来，引起国际轰动的一部中国文化背景的动漫产品——《花木兰》，却是美国人创作的，这多少让我们中国人有些尴尬。令我们欣慰的是，华强正在担负起以科技手段弘扬中国文化的历史重任，在华强文化科技产业发展战略中，我们看到了中国文化因素被提升到特别重要的战略地位，这无疑是华强在未来与国际品牌竞争中的强有力的武器。

第五是品牌。华强的品牌显然正在迅速崛起。但是，从全球角度看，华强的品牌影响力当然还是有限的。华强很清醒地知道这一点，他们正在积极审视自身的文化科技企业、产业和产品的品牌价值，因为，只有品牌，才是华强在未来的国际竞争中立于不败之地的最重要的法宝。

最后，我要感谢李总精彩的演讲，他带给我们一种感动，一种骄傲、一种力量。华强让我们对中国文化科技产业的发展充满信心，与此同时，我们也对华强未来的发展充满信心，让我们拭目以待！

谢谢大家！

品牌立社 风正帆悬

——二十一世纪出版社发展之路

二十一世纪出版社社长

张秋林

2008年，二十一世纪出版社努力挖掘出版资源，开发优秀作品的文化价值和市场价值，在贴近少儿需求的基础上，运用新颖有效的营销方式，致力打造原创儿童文学畅销图书和民族自主创新品牌，得到中宣部出版局和省委宣传部的充分肯定。“二十一世纪出版社注重品牌化发展”被中国版协少读工委评为2008年中国少儿出版十件大事之一。

下面分三个方面阐述我社品牌化建设之路。

一、跳跃发展：品牌是立社之本

2006年到2008年，从“誓把06变神六”到“品牌、经典、流行，决胜2007”，再到“诚信出版，赢在终端，引领2008”，二十一世纪出版社以创立品牌为追求，一年一个新口号，一年一个大台阶，实现跨越式发展。2006年，市场图书的发货码洋、销售收入和回款实现了三个百分之百的增长。2007年，图书重印率、市场图书在图书销售总收入中的比率和占省出版集团市场图书总收益的比率，三项指标突破70%。2008年，一般图书发行突破2.6亿元，回款达到1.2亿元，退货率只有7.9%，在全国同类出版社中名列前茅。目前，我社市场占有率在全国专业社中排名第一，是全国上升速度最快和最具成长性的出版社。在由中国出版工作者协会、中国书刊发行协会组织的"诚信经营，优质服务"出版发行单位评选中，20家出版社入选，我社成为获此殊荣的全国仅有的两家地方出版社之一。

这些成绩的取得，得益于我们面对电视、网络等新媒体的挑战早有准备，对于坚定不移走品牌化发展之路早下决心，在市场上摸爬滚打早遇挫折，为做大做强大众图书早作探索，因而也更早地取得了经验。

进入21世纪以来，投资图书市场风险大，"出书是找死，不出书是等死"成为出版人的普遍担忧。面对这一形势，我们坚信两条：一是如果为了规避风险，缩小甚至放弃市场图书的出版，选择单纯依赖出版计划内教材教辅谋求生存，最终只能失去出版社在图书市场的影响力、操作力和在市场经济条件下的生存能力。二是如果放弃传播文化、传承文明的责任，出版社就没有存在的价值。我们坚持出版社会效益和经济效益俱佳的双效图书，并且把握机遇，在许多出版社畏惧犹豫的时候不畏艰难、迅速果断地做大市场份额，推广品牌图书，凸显出版社的品牌。终于使二十一世纪出版社由一家默默无闻，在地域、资金、人才等方面并无优势可言的地方出版社成长为初具大社强社风范的品牌出版社。

二、高端整合：品牌出聚合效应

一个现代出版机构必须是一个战略整合者，根据自己的战略意图，整合、激活各种优质出版资源，使之产生聚合效应。向这个目标出发，二十一世纪出版社整合作家资源，同儿童文学作家郑渊洁、郭妮、沧月、晓玲、叮当等签下了长线合作协议，实现了从经营作品到经营作家的转变；整合国外出版资源，与韩国大韩教科书和日本小学馆等国际知名出版机构加强合作；整合民营出版资源，与文化公司金沙优图达成战略合作；整合渠道资源，与浙江、江苏等省新华书店和优秀民营经销商以及中国最大的网络书店当当网结为战略合作伙伴或策略联盟，进而布下了图书销售的“天罗地网”。

同时，我社还寻找机会借势发力，努力把寻常事情做成搅动中国书业的重大事件，以大手笔、新视野占领制高点，做行业的领跑者。例如：

——趁改革开放30年承办全国少儿图书交易会之际，举办“首届中国少儿出版高层论坛”。邀请中国作家协会副主席、中国编辑学会会长等领导和专家学者共商“诚信出版”的大事。

——2007年和2008年分别在南昌和成都召开“二十一世纪中国儿童阅读推广人论坛”，评出年度中国儿童阅读推广优秀人物和文学儿童书30种推荐榜单，凸显出版企业的社会责任。

——将“名家荐好书，好书给中国”活动办成每年1月全国图书订货会上我社的保留节目，在近期举办的活动中，著名经济学家、武汉大学校长顾海良等诸多名家对新版《画说〈资本论〉》等八种新书作了热情推荐。

通过一系列的成功运作，二十一世纪出版社在市场占有率、图书重印率、媒体曝光率、赢利能力、渠道控制力和作家聚合力等各方面形成了巨大的品牌影响力，备受媒体和读者关注，中央电视台多次报道，在《新闻联播》、《焦点访谈》以及《对话》等品牌栏目中频频出镜。

三、创意营销：品牌是永恒追求

近年来，我社成功推出了“彩乌鸦”、“非常系列”、“悦读阅美”、“我的第一本科学漫画书”等系列品牌图书。其中最为引人注目的是“童话大王”郑渊洁的“皮皮鲁总动员”系列图书。

2006年，我社以高额版税签下“童话大王”郑渊洁的作品，面临市场的挑战和来自各方的怀疑。而2008年，当中国原创儿童文学最大规模个人专辑“皮皮鲁总动员”七大系列全部出齐，54册图书幻化为54张扑克亮相于“‘皮皮鲁总动员’整舰起航”庆典的时候，所有的怀疑都变成了赞叹。“皮皮鲁总动员”系列图书自2006年出版以来，累计销量达1200万册，销售码洋1.5个亿，全系列整体荣获“中华优秀出版物（图书）奖”，成为中国原创畅销儿童图书的代表，创造了书业的奇迹。

为了将这套影响两代孩子的经典作品做成受市场欢迎的畅销书，我们积极创意，以“皮皮鲁”形象为主线把作品重新整合，系列推出。并且采取了一系列有效的营销手段：第一，从举办“皮皮鲁25周岁生日庆典”入手，为系列丛书的宣传营销找到了一个耀眼的形象支点；第二，以“我阅读，我快乐，我想象，我写作”为口号，策动“皮皮鲁阅读总动员”，邀请作者深入全国各地学校演讲200余场，与30多万名小读者亲密接触，在15万本书上为读者签字留念；第三，四川汶川“5·12”大地震发生后，我们联合作者，果断决定将正在印刷的《皮皮鲁大长篇》首印18万册的版税和预期出版收益60万元捐献出来赈灾，并当即将预支款项一次性汇入中华慈善总会的捐赠账户。我们通过重新印制的封面宣告这一善举并感谢读者的爱心参与，一场声势浩大的“皮皮鲁爱心总动员”随之掀起，无形中扩大了图书的品牌影响力，作者郑渊洁也因此获得国家民政部颁发的中华慈善楷模奖。“皮皮鲁总动员”的系统营销，入选《中国图书商报》评选的“改革开放30年中国书业经典营销30案例”。李长春同志2008年“六一”期间送给小朋友的唯一一种图书就是“皮皮鲁总动员”。

对于其他图书，我们也精心策划，采用不同的营销方式，取得了很好的效果。例如：

——荣获首届中国出版政府奖图书奖的《图画书：阅读与经典》，通过配合作者在全国举办史无前例的140多场演讲，让“小众图书”变为畅销图书，推动了图画书时代的到来。

——邀请《不一样的卡梅拉》之父约里波瓦和艾利施访华，在当当网签售、做客新浪，出席第二届海峡两岸图画书研讨会，再掀《不一样的卡梅拉》销售热潮。该书已累计销售150万册，连续三年在当当网儿童图书销售榜排名第一。

——由我省作家创作的儿童小说《腰门》，以秀美如画的地域风情、壮美如歌的成长体验、纯美如水的文字表述和优美如诗的绘画呈现，给读者美的文学享受，被评为 2007－2008 年度“最美少儿图书”。我们向小学师生推荐这本书，将它引入课堂，使之成为走进学校的“纯文学”图书的代表。受到媒体的关注和师生的欢迎。

近年来，我社的品牌化建设取得了一定成效。但成绩只能说明过去，在今后的发展中，我们仍将以“塑造未来的民族性格”为己任，以“不断为客户创造价值，竭诚为读者提供好书”为经营理念，创意现在，引领未来，致力于做中国青少年出版的领导品牌，继续谱写中国大众出版新的篇章！

专家点评：

用改革与创意
推动出版业大发展

中国出版科学研究所副所长

辛广伟

席卷全球的金融危机，对许多行业都带来负面影响，一些行业也因此进入了低谷期，诸多行业都面临着不同程度的挑战。如美国的汽车业、金融业、新闻业（报纸），中国的轻工业、进出口业等。

一、金融危机对中国出版业尚无较明显影响。

从张秋林社长的演讲中，我们得知，金融危机对他所在的二十一世纪出版社并没有什么负面影响。不仅如此，从他报告的数字看，他们的经营成绩还是前所未有地一路攀升。

对中国的其他出版社如何？我来之前先后打电话给也是很出色的接力出版社和童趣出版公司的负责人，了解他们的销售成绩，结果这两家也都是呈现增长状态。

而2009年的中国书业的两大销售活动——一月北京图书订货会和上月刚结束的全国书市（图书博览会）的订货额也都超过去年与以往。上述数据及其他方面的信息都表明，至少目前，金融危机对中国出版业的影响还不大，或者说，目前还看不到有多大直接的影响。

二、美国方面的资讯显示，金融危机对美国等出版业发达国家的影响也有限。

三、中国出版市场尚处于初级阶段，有巨大的发展空间。虽然出版业市场受影响都不太大，但中国出版市场与美国等发达国家有很大不同。美国的出版市场是一个非常发达与成熟的市场。而我们目前还依然处在初级阶段，是一个初级市场。以图书市场为例，美国图书市场的份额约为每年250亿美元，人均购书约100美元，出版市场的主体绝大多数都是企业。我们中国大陆图书市场约为75亿美元左右（加上台湾与香港约在90亿美元），人均购书约6美元，市场主体看不到企业，而全是事业机构。市场是美国的四分之一到三分之一，人均购书款是美国的约十几分之一。而我们的人口是美国的6倍多。

上述数据说明了两点，第一是中国出版市场还是一个初级市场，我们与美国的差距还非常大！第二，这差距也意味着中国市场拥有巨大的潜力，而且这一潜力的发挥并不遥远。因为过去30年里，我们的经济、我们的综合国力是始终在不断上升的。且目前依然处于上升状态。也就是说，中国出版市场有着非常大的发展空间，存在着极大的硬需求。

四、努力破除影响出版市场发展的障碍，用改革与创意推动出版业大发展。

要使我国出版业有一个大发展，落实党的十六大、十七大提出的要求，就必须努力破除影响出版产业发展的诸多障碍，用改革与创意推动出版业大发展。这些障碍可分为三个方面，一是体制方面，二是机制（出版单位自身）方面，三是社会方面，这里主要是指培养全民的阅读习惯。其中，体制改革最为重要。体制改革的主角是政府，既抓好新闻出版事业的公益服务，又全力推动出版产业化，是亟待解决的难题。值得肯定的是，目前我国的出版改革已经迈出了实质性的步伐，特别是上月新闻出版总署出台的《关于进一步推进新闻出版体制改革的指导意见》，既是一个纲领性的文件，又是一个目标明确、可操作的文件。《指导意见》充分体现了出版改革的重要性、紧迫性和可行性。

而第二、第三方面，政府参与固然重要，但出版单位是主角。中国出版市场虽然有巨大的潜力，但并不是每个出版社都能分到一杯羹。当我们的多数出版社告别事业，成为企业；当我们的行业由封闭转为开放，当我们的市场越来越规范，竞争对手越来越多，不断创新，拥有创意，就成为成功的一个重要法则。

我们今天500多家出版社中，像二十一世纪这样的出版社还不是很多。二十一世纪出版社之所以出色，一个重要因素，就是他们具有开拓性与创新性，也就是他们把握住了当下出版产业也是整个文化产业的特征——创意。鉴于装帧版动漫图书已较普遍，他们开始潜心打造原创漫画，成功推出了“知音漫客”丛书。郑渊洁系列、“史努比”、“大力水手”等许多并不是新作品，但经过他们的全新包装与巧妙推广，就又取得了新收获。无论是在出版还是营销方面，都体现着一个“新”字。

中国出版业亟须一大批像张秋林社长这样既有文化理念，又懂经营、有创意的出版人才。我也相信，随着出版行业大门的打开，随着出版改革的深入，我们在较短的时间里会涌现一批这样的人物。

当我们的改革按照既定的方针推进，当我们的创意人才不断地涌现，我们出版大发展大繁荣的目标就不远了。

打造3G时代的移动动漫产业

湖南拓维信息系统股份有限公司董事长、总经理

李新宇

目前，金融危机席卷全球，美国次贷危机引发的金融危机正在从资本市场传导到消费市场，从虚拟经济传导到实体经济，世界经济陷入了较为严重的衰退期。但是，文化产业发展却展现盎然生机，逆势上扬。历史和国内外的经验告诉我们，文化产业发展具有“反经济周期”的特点。金融危机一方面突显了文化地位，刺激了文化消费，消费者需要更多满足大众休闲、娱乐需求的文化产品；另一方面，促进了文化与科技的结合，优化了产业结构。金融危机要求我国文化产业迎接挑战，担当扩大内需、刺激消费、促进经济增长的重任。

面对金融危机，文化产业将如何发展？下面，我将结合公司在手机动漫方面的实践与探索来谈谈文化产业发展的基本思路、做法。

一、3G时代——手机动漫的发展机遇

“长江后浪推前浪”。历史发展的潮头不断将新生、发展的事物推向市场的最前沿。目前中国手机用户为6.5亿，互联网用户为2.53亿，移动互联网人数达1.176亿。国内传统互联网用户仅占人口总数的20%左右，但手机普及率却高达50%，中国的移动手机用户远远超过电脑用户。未来，移动互联网用户数将呈爆炸式增长，预计移动互联网市场用户将达10亿。以手机为载体的新媒体将冲击传统互联网门户，未来移动互联网将超过传统互联网。

动漫产业在满足人们精神文化需求的同时，已逐渐成为一些国家的经济支柱产业。日本动漫产业从20世纪90年代被经济学家称为“失去的十年”的经济低迷中振兴，带动了整体经济的复苏。在日本，从二战后到70年代的探索、90年代的成熟、2003年3G时代新媒体的出现，手机动漫已经成为日本动漫产业的重要组成部分。目前，日本有80%的漫画作品是通过手机发布的，日本手机动漫用户数已经占到运营商总用户的30%以上。动漫产业已经成为其国民经济的第二大支柱性产业。

1997年金融危机后，韩国政府大力发展低能耗自主型工业，并在1998年正式提出“文化立国”方针。目前，韩国动漫发展迅猛，已经达到全球动漫市场30%的产量，2003年SKT就提供“Flash Any”服务，通过下载的方式，将动漫显示在手机屏幕上，包括游戏、MTV、卡拉OK和下载动画集、动漫形象等内容。

面对动漫等文化产业空前的发展机遇，党中央领导高度重视、鼓励手机动漫等文化产业的发展，促进国民经济的稳定、持续增长：温家宝总理在《2009 年政府工作报告》中强调要“积极发展网络动漫等新型消费”、“支持文化产业加快发展，完善扶持政策，培育骨干文化企业”；中宣部部长刘云山 2009 年 4 月在全国宣传文化系统“四个一批”经营管理人才、专门技术人才研修班上强调，今后文化产业发展将面临五大机遇。

2009 年 1 月 7 日，工业和信息化部向中国移动、中国电信、中国联通分别发放了 3G 牌照，中国正式进入了 3G 时代。与 2G 相比，手机 3G 技术一方面突破了传统的技术瓶颈，提供了更丰富的多媒体表现、更高速的数据接入、更方便的人机互动；另一方面，3G 时代手机终端媒体化趋势加强，需要大量优质内容，扩大了文化传播的形式和空间范围。如此巨大的市场需求就需要我们积极打造手机新媒体，促进动漫、文化等内容的融合。

3G 时代的来临，对整个文化产业发展都是巨大的机遇，特别是手机动漫价值链将产生巨大的市场价值。由内容提供商、平台提供商、运营商所组成的产业链可以为 6.5 亿手机用户提供动漫业务。例如手机彩铃《老鼠爱大米》，采取 5 元包月和每次 2 元等付费使用方式，收入在 2000 万元以上，动漫与手机结合，将会产生更大的市场空间！可以预言，在此背景下，手机文化产业将出现井喷！

面对 3G 时代手机动漫的发展机遇，公司加大投入、发展迅速。拓维信息成立于 1996 年 5 月，公司发展到 2003 年，遇到了发展瓶颈与成长期困惑：一方面，由于激烈的竞争，传统软件开发、集成服务利润率下降；另一方面，赢利模式较为单一。在此背景下，公司向增值服务转型，打造手机动漫业务。手机动漫为公司发展注入全新活力，公司开始迅速发展，目前员工超过1000人，主要从事行业软件开发和手机动漫、移动电子商务等移动互联网业务，并于2008年7月23日成功登陆深圳中小企业板，得到资本市场的认同。

二、3G时代——“三驾马车”并行，推动手机动漫产业发展

3G时代推动手机动漫产业发展必须采取平台、内容、营销“三驾马车”并行的模式，积极探索、开拓创新。

1. 打造手机动漫制作运营服务平台

公司面向全国动漫企业、动漫工作室、漫画家和动漫写手，提供手机动漫的创作、内容转换、内容管理发布等综合性服务，降低其动漫制作门槛，力争打造国内一流的手机动漫制作运营服务平台。平台的打造和发展得到了国家部、委，湖南省政府的多项支持：国家文化部、国家发改委、国家科技部、国家工信部、湖南省政府投入多笔资金支持手机动漫产业的发展。这些支持为公司手机动漫的发展提供了良好的契机，也为公司手机动漫业务的拓展打下了坚实的基础。公司目前承建了国家文化部手机动漫公共服务平台。

2. 原创内容开发

目前，国内手机动漫内容稀缺，产品质量偏低，主题缺乏多元与创新，对用户的吸引力有限。以此为出发点，我们着力组建团队进行手机动漫内容的开发。公司现拥有一支按导演制管理的原创团队，共开发《笑八仙》、《西门小管人》、《百战嘟

嘟》、《七剑下天山》等多个系列的千集连续剧。同时，为打造出创意性的手机动漫内容，我们联合中国动画学会组建手机动漫创意中心，与国内知名高校动漫系合作，联合进行手机动漫创作。

同时，公司将一些传统动漫企业作品转化为手机动漫，增强了对手机用户的吸引力。我们现在正在策划将适合在手机上播放的文化娱乐类作品，如“越策越开心”等，做出手机动漫版本，为手机动漫的开发提供内容资源。公司现在已经成功打造了手机动漫千集连续剧、手机动漫电子杂志、手机动漫连环画、手机动漫视频、手机动漫游戏等一批手机动漫产品，受到广大受众欢迎。

3. 市场营销——举办手机动漫大赛

为展开市场营销、培养用户习惯，公司自 2006 年已经连续协办三届手机动漫大赛。2007 年大赛升格为由国家文化部、国务院信息化办公室、湖南省人民政府和中国移动通信集团公司共同主办的国家级大赛。2008 年，第三届手机动漫大赛进一步扩大影响，国家工信部、团中央参与作为大赛主办单位，并迅速在全国范围内掀起一股动漫热潮。

大赛与网络媒体、电视媒体、纸质媒体积极展开合作，共同进行市场营销：大赛与知名网络媒体合作，在国内主要门户网站进行报道，开设营销专区；优秀参赛作品在 CCTV 少儿频道每周五 18：38－18：43 期间进行展播，激发动画企业、从业者的创作热情；通过《动漫周刊》和《漫友杂志》附带宣传单以及移动营业厅实物广告进行营销推广。

随着手机动漫大赛的成功举办，手机动漫的影响力也明显增强：第三届大赛参赛企业 560 家，体验用户数 1100 万人次，作品下载数 2500 万次。与第一届相比较，体验用户数增长了 25 倍，作品下载数增长了 23 倍。手机动漫的内容质量也不断提高，参与大赛的知名企业包括：搜狐、漫友、盒子创造社、宏梦卡通、千雅文化等；提供作品的知名漫画家包括：朱德庸、赖有贤、老琼、陈维东、蔡志忠等。

此外，大赛还启动了全国大学生校园动漫挑战赛，鼓励大学生创业。共青团中央在北京召开了各省团委的工作部署会议，同时还下发《关于举办全国大学生菁菁校园原创手机动漫挑战赛的通知》的红头文件，积极倡导各省团委发动当地高校学生体验和创作手机动漫，提供大学生创业平台。第三届手机动漫大赛，全国共有 120 余所高校，200 多万名学生参加，受到了学校师生的一致欢迎，也扩大了手机动漫大赛在校园的影响力。

三、3G 时代——手机动漫未来之路

站在时代发展的潮头，面对风云变幻、瞬息万变的市场，3G 业务目前呈现出互联网化、媒体化、视频化三大趋势。基于 3G 时代手机的媒体化、视频化趋势，公司未来将与传统媒体等积极合作，加大研发力度，塑造精品内容，着力打造手机动漫、电子阅读、电子出版、手机游戏、移动视频等业务。

金融危机目前席卷全球，文化产业却逆势上扬、迎来大发展时期。面对金融危机，公司抓住机遇，加大投入、加快发展：

1. 加强人才队伍建设。2009 年，公司共招聘 400 名专业人才，未来 3～5 年公司将打造一个超过 2000 人的手机动漫从

业团队，从事手机动漫的创造与开发。

2. 着力原创内容开发。公司计划在3～5年内，开发出5部千集手机动漫连续剧、20部3G在线手机动漫电影、发展1000万在线手机动漫电子杂志用户、1000万在线手机动漫连环画用户，10款3G手机游戏，累计生产各种手机动漫作品100万件，折合时长10万分钟。与此同时，公司积极打造手机动漫品牌，向品牌授权延伸。

我们相信，3G时代的到来，将会给文化产业带来一场全面革命。首先，形成文化产业新业态。随着3G时代来临，将会出现移动动漫、移动电子阅读、移动电子出版、移动电子网游、移动影视媒体等文化产品新业态。其次，将会形成新的文化产业价值链，催生新的产业群。

专家点评：

打造3G时代的移动动漫产业

北京大学文化资源研究中心副主任

张颐武

谢谢报告人给我们做了一个有价值和意义的演讲。

这篇演讲立足于该企业的实际，从全球和中国的角度对于新的3G时代到来之后的动漫产业的发展的新的趋势和公司的发展进行了相当具有前瞻性的探索，对于公司本身的实践和努力的方向都提出了明确而清晰的分析，并且结合当下的经济形势来为自己的企业，也为文化创意产业在中国的发展提出了不少重要的看法。我以为其中有不少有启发性，立足于企业自身的发展，又对于整个文化创意产业有价值的意见，值得我们深入思考。

我想，这里有三个观点值得我们关注。

首先，这里强调了今天全球经济面临相当严峻的挑战的背景，这一背景对于文化创意产业的发展既是严峻的挑战，但同时也是充满新的希望的无限的机会。从总体上看，文化创意产业在经济面临挑战的时候也当然会受到影响和冲击，如在艺术品领域中，由于在经济繁荣时期价格上涨很快而会回调；一些需要政府大力扶持的文化项目，如大型的文化和节庆活动等由于经济情况偏紧和政府财政在新的条件下更加集中于解决民生问题和拉动经济而会受到冲击。同时一些企业的广告和公关费用的缩减或者经营困难也会影响其对于文化产业和事业的投入等等。但问题也有另外一面，对于文化创意产业来说经济遇到问题也是机遇和新的可能性的展开。从历史上看，如被视为美国好莱坞电影的黄金时代的30年代，正好是美国经历经济大萧条的时期，经济面临严重危机，但电影业却一枝独秀，成为引人注目的焦点。当时经济萧条对于电影也构成冲击，也有许多电影院倒闭，但像汽车电影院这样的新的事物也适应了新的生活方式而产生了，新的电影技术的革新也不断出现，电影业仍然有自己的生机和活力。而在1997年的东南亚金融风暴中，韩国也受到了严重的冲击和影响。但韩国电影却在此时奋发图强，精心制作了许多不同风格类型的电影，在国际和国内都有相当大的影响，给韩国电影创造了很好的口碑和市场。在经济遇到挑战的时候，文化创意产业往往能够“柳暗花明又一村”，另辟蹊径，既拉动消费，形成消费的热点；又扩大生产，让一些投资和人才被吸纳进来。一方面是在更加激烈竞争的状态下，人的才能有机会更好地发挥，优秀人才能够脱颖而出，而文化产品也会更加精益求精。另一方面公众也会希望在经济面临挑战的状况下通过文化产品获得正面的激励和情绪的放松，获得更多的寄托。他们对于文化产品的需求反而会有所增加。

其次，技术的发展为文化创意产业的发展提供了新的空间和可能性。在这里，我们可以发现互联网和个人电脑的普及，带来了游戏产业的繁荣，而网络带宽和视频上传的技术也带来了视频网站的流行。新的技术总是要求新的内容的提供。一方面，技术的发展往往带来新的内容的巨大的需求和新的消费者群体的参与。另一方面，新的内容也为新技术的快速更新和发展提供了巨大的吸引力和催化力。3G 技术的发展，为手机网络的发展带来了巨大的可能性，也促进了更加便捷的上网服务的发展。而拓维信息力图在 3G 手机游戏方面有新的作为，当然是抓住了市场未来发展的新的趋势的必要的选择。

再次，“中国梦”的成长为新的消费带来可能性。现在青少年已经成为文化创意生产和消费的重要力量。80 后和 90 后开始显示出自己在文化创意方面的影响力。他们一方面是“鸟巢一代”显示了积极的一面，另一方面是“尿不湿一代”也还有局限性。80 后这一中国改革开放后出生的第一代人较大的已经将近三十岁，最小的也已经进入了大学或就职的阶段。随着时间的推移，他们已经快速地成为社会的一个重要人群，开始在社会舞台上发挥越来越重要的作用。他们开始发出声音和展现力量。在文化方面，他们表现自我的想象力重于表现社会的生活。在经济方面，他们重视财富的分配重于重视财富的积累。在社会方面，他们关注人类的普遍问题重于关注中国的特殊问题。这些新的特点其实形成了巨大的影响。其复杂性已经显示在各个领域。报告人的演讲对于自己的受众的精确的分析和把握也包含这样的内容。

当然，还有两个值得注意的方面。一是注意与政府政策的衔接，与全球文化环境的变化保持同步的变化和灵活的反应。二是注意青少年的趣味的发展变化和潮流的走向，在让他们喜闻乐见的同时保持对于他们的引导。

总之，在3G时代，新的可能性在召唤我们，新的中国文化创意产业的生长点正在迅速形成。

后记

第五届文化发展战略论坛成功举办

2009年5月15日，由中宣部改革办、广东省委宣传部和深圳市委联合主办的第五届文化发展战略论坛在深圳举行。本届论坛的主题为："金融危机与文化产业：挑战与机遇"。按照云山同志关于把"文化发展战略论坛办成规模和影响最大、层次和水平最高的权威论坛，提升文博会的质量和水平"的指示精神，各主办单位精心策划，认真组织，使得第五届文化发展战略论坛在规模、水平及影响力等方面与前四届相比都有一个较大的提升。具体讲，第五届文化发展战略论坛有以下几个特点：

1. **规模扩大，汇聚了来自文化、经济等领域的众多人士。**为落实云山同志指示，改革办提前两个月向中央有关部门和各地宣传部门发函，邀请有关领导出席论坛，并就有关代表参会事宜多次进行电话联系。通过努力，参加本届文化发展战略论坛的代表人数上远远超过往届，达到270多人。参会代表的级别较往届也有了较大提升，包括了商务部服务贸易司、广电总局宣传管理司有关领导，20 个省（区、市）委宣传部分管文化体制改革的部长和改革办主任，40 多个改革试点地区的常委宣传部长，部分文化企业负责人以及文化领域知名专家学者。

2. **主题鲜明，抓住了当前深化文化体制改革的重点和文化领域如何应对金融危机的热点。**中宣部改革办、商务部服务贸易司在论坛上分别发布了《我国文化体制改革与发展状况年度报告（2009）》和《我国文化产品及服务进出口状况年度报告》，在宏观上为准确把握中央关于文化体制改革的主要精神和文化产业发展的趋势提供了权威的信息。围绕论坛主题，上海文广新闻传媒集团、中国电影集团公司、中国对外文化集团公司、二十一世纪出版社、华强文化科技集团、拓维信息系统股份有限公司等企业负责人结合行业特点和各自实际，就如何应对危机加快发展发表了演讲；清华大学、北京大学、中国传媒大学、中国出版科学研究所等高等院校和研究机构的专家学者做了点评。大家认为，文化产业的发展既面临着重大的挑战，也面临难得的机遇。国际金融危机进一步凸显了文化的特殊优势和功能，只要思想统一、目标明确、措施有力，就一定能够做到化危为机，加快推动我国文化产业的逆势增长，为“保增长、扩内需、调结构、惠民生”和促进文化大发展大繁荣作出新贡献。

3. **影响增强，论坛的品牌及其权威性和引领功能日益被业界广泛认可。**文化发展战略论坛是与文博会一同成长起来的文化领域高端对话平台，在探讨文化发展战略的主题下，每届突出一个主题，每届都贴近实际有新的特色和亮点，形成了明显的品牌效应。与会代表普遍认为，本届论坛以当前业内最为关注的“金融危机与文化产业：挑战与机遇”为主题，引领代表们深入思考我国文化产业面临的挑战与机遇，研究探讨我国文化产业实现快速发展的有效途径，共同谋划我国文化产业逆势增长的对策和措施，具有很强的现实性、针对性和可操作性，自然也在业界产生强烈的共鸣。同时，论坛推出一批在全国文化体制改革和文化产业发展方面表现突出的优秀文化企业成功案例进行交流，并安排与会代表实地考察深圳本土企业的创新发展模式，引领着文化产业发展的潮流和方向。

4. **改进创新，不断提升文化发展战略论坛的质量和水平。**论坛期间，各主办单位及时收集参会代表的意见建议，在此基础上专门召开会议，总结经验，发现问题，提出下一步改进的意见。一是要进一步明确文化发展战略论坛作为深圳文博会主论坛的定位，并与文博会同时宣布开幕，以加大宣传力度；二是要增强论坛的现实针对性和工作指导性，拟在现有基础上，每年选择2～3个在文化体制改革和文化产业发展方面成绩突出的省（区、市）介绍情况，以提供经验借鉴和工作参考；三是拟考虑增强论坛的国际化色彩，邀请在国际上有一定影响、对我国友好的知名文化或经济界人士出席论坛并作演讲，以扩大论坛的国际影响力；四是拟考虑在文化发展战略论坛上对入选“国家文化出口重点企业和重点项目”进行发布并给予表彰。